Detlef Träbert • Kleine Schubse – große Wirkung

Detlef Träbert

Kleine Schubse – große Wirkung

99 Tipps für den Erziehungsalltag

Bibliografische Information der Deutschen Nationalbibliothek
Die Deutsche Bibliothek verzeichnet diese Publikation in der
Deutschen Nationalbibliografie; detaillierte bibliografische
Daten sind im Internet über http://dnb.ddb.de abrufbar.

www.medu-verlag.de

Detlef Träbert
Kleine Schubse – große Wirkung
99 Tipps für den Erziehungsalltag
2. Auflage

Dreieich bei Frankfurt/ M.
Titelbild: © „Hoch hinaus“ von Simone Hainz / PIXELIO
Bildmotiv (S. 9): © O. Fischer / PIXELIO
Lektorat: Constanze Nobs
Umschlaggestaltung: im Verlag

Printed in EU

ISBN 978-3-941955-43-1

Inhalt

Einleitung

Ein „Schubs“ ist ein kurzer Stoß, um etwas in Bewegung zu setzen. Ein kleiner Schubs gegen den Einkaufswagen im Supermarkt kann eine große Wirkung haben, etwa wenn der Wagen gegen eine Dosenpyramide prallt. Schubse sind in Bewegung umgesetzte Energie. Vielleicht kennen Sie das Kugelstoß- oder Newton-Pendel?

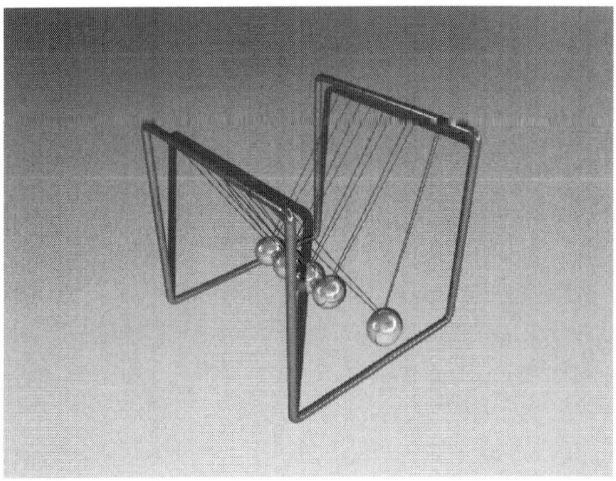

Wenn man die vordere Kugel gegen die anderen prallen lässt, schwingt die hintere aus. Die mittleren Kugeln geben die Energie weiter.

Ich teile Schubse fürs Erziehen und Lernen an Menschen aus, vor allem an Mütter und Väter, Lehrerinnen und Lehrer. Deswegen heißt meine Einrichtung „Schubs“, als Abkürzung für „Schul-Beratungs-Service“. Ich schubse mit Vorträgen an Schulen oder Volkshochschulen, mit Fortbildungen für Lehrer/innen, Erzieher/innen und Lerntherapeut/innen, aber auch mit Zeitschriftenartikeln und Büchern.

Davor war ich bis 1996 Lehrer und Beratungslehrer. Meine Schüler und ihre Eltern hatten mich immer wieder geschubst mit ihren Kümmernissen und Problemen. Dadurch lernte ich sehr viel darüber, was Menschen für ihr Zusammenleben, fürs Erziehen, Lehren und Lernen brauchen. Im Laufe der Zeit sammelte ich viele solcher Anstöße in Form von Anekdoten, die ich in meine Vorträge und Bücher einbaute. 1996 gab mir die *Kölnische Rundschau* die Gelegenheit, meine Alltagsbeobachtungen als die Kolumne „Der kleine Schubs" zu veröffentlichen. In diesem Buch habe ich eine Auswahl der Texte zusammengestellt, die im Laufe von dreieinhalb Jahren entstanden sind. Sämtliche Namen der erwähnten Personen sind geändert worden.

Aus Leserreaktionen und bei Gesprächen nach Vorträgen durfte ich immer wieder erfahren, dass diese kleinen Schubse eine große Wirkung haben können. Oft beeindrucken sie mehr als eine wissenschaftliche Erkenntnis, weil man sich in ihnen wiederfindet: „Das ist mir auch schon passiert" oder „So etwas Ähnliches habe ich neulich selbst beobachtet" sind häufige Reaktionen. Wer sich von diesen Texten aus dem Alltag anstoßen und durch sie zum Nachdenken anregen lässt, nimmt Energie auf und gibt sie mit seinem Alltagsverhalten anschließend weiter – wie die mittleren Kugeln im Kugelstoß-Pendel.

Dabei geht es mir nicht um richtiges oder gar perfektes Erziehen, sondern um einen bewussten, reflektierten Umgang mit unseren Kindern. Im Alltag kann ich ja gar nicht in jedem Augenblick darüber nachdenken, was ich in einer bestimmten Situation bewirke; ich handle spontan. Aber wenn ich in ruhigen Augenblicken über beispielhafte Situationen nachsinne, kann ich aus ihnen lernen. Erst das Besinnen lässt aus Erlebnissen Erfahrung werden und hilft mir, mich SINNvoller zu verhalten.

Wenn die kleinen Schubse in diesem Buch Sie ein wenig anstoßen und dazu noch amüsieren können, erfüllen sie ihren Zweck. Und sollten Sie mir einen Schubs geben wollen, dann schreiben Sie einfach eine E-Mail an traebert@schubs.info.

Dipl.-Päd. Detlef Träbert

Kinder sind Philosophen

Die verstorbene Theologin Dorothee Sölle hinterließ eine Anekdote von Ihrer vierjährigen Enkeltochter. Als sie dem Kind etwas aus der Zeit vor seiner Geburt erzählte, fragte dieses, wo es denn damals war. „Da warst du noch nicht da", antwortete sie. „Aber wo war ich?", beharrte das Kind. „Vielleicht warst du versteckt", meinte die etwas ratlose Oma. „Klaro", rief die Kleine aus, „da war ich in Gott versteckt!"

Hätte man eine bessere Antwort auf diese philosophische Frage nach der Existenz vor der Existenz geben können? Wohl kaum! Und dazu muss ein Kind auch nicht eine Theologin zur Oma haben. Alle Kinder stellen solche Fragen wie die Vierjährige aus dieser Geschichte.

„Ist mein Goldhamster jetzt auch im Himmel wie der Opa?", fragte etwa der fünfjährige Jan seine Eltern, nachdem sie gemeinsam sein geliebtes Tierchen in einem Schuhschachtel-Sarg im Garten beerdigt hatten.

Wie viel wiegt die Seele? Können Tiere träumen? Warum machen Menschen Krieg? Es gibt keine dummen Fragen! Und es gibt nichts, worüber sich Kinder keine Gedanken machen. Was sie dabei brauchen, sind Gesprächspartner, die weder mit fertigen Antworten aufwarten noch ihre Fragen mit einem „Davon verstehst du noch nichts" abfertigen, sondern sich Zeit für sie nehmen, zuhören können und zum Denken ermutigen. „Das ist eine interessante Frage – was meinst denn du dazu?", derart könnten Eltern beispielsweise reagieren, wenn sie einmal ratlos sind. Und so, wie es keine dummen Fragen gibt, gibt es auch keine dummen Gedanken, sondern stets nur eigene. Sie führen zwar manchmal in die Irre, aber früher oder später merkt ein Kind das und korrigiert sich. Und wenn es neue Tatsachen erfährt, versucht es, diese in sein Konzept von der Welt einzuordnen, sofern man es lässt.

So konstruiert jedes Kind die Welt neu – das ist das Besondere an der menschlichen Intelligenz.

Hausaufgaben für die Eltern

Es ist ein Dauerbrenner, das Thema „Hausaufgaben". So fragte mich eine Mutter voller Verzweiflung beim Vortrag: „Wenn ich bei Karsten nicht immer daneben sitzen würde, käme er überhaupt nicht zu Potte! Ich will das nicht, aber was soll ich nur tun?"

Hausaufgaben sind wichtig. Das sagen fast alle Lehrer. Selbst die Schüler stimmen zu, auch wenn sie sie oftmals hassen. Und die Mütter sitzen dazwischen. Nur selten kümmern sich die Väter aktiv darum, dass die Hausaufgaben ordnungsgemäß erledigt werden. Die Position zwischen „Hilf mir mal, ich kann das nicht" und „Sie sollten sich mehr kümmern" kann ein sehr heißer Stuhl sein.

Vielleicht kühlt die Unterrichtsforschung ihn ein wenig ab. Sie hat nämlich herausgefunden, dass der Lernerfolg der Kinder größer ist, wenn sie sich alleine mit ihren Schulaufgaben herumschlagen. Das liegt an der eigentlich ganz logischen Erkenntnis: „Selber denken macht schlau!" Wenn Karsten seine Mama denken lässt, hat er es zwar bequemer, aber für die Schule hat er dabei wenig gelernt. Letztlich sorgt SIE dafür, dass er seiner Lehrerin morgen etwas

Ordentliches vorzeigen kann. Seine Mutter müsste lernen loszulassen – ganz schön schwierig!

Eine Lehrerin wollte die Eltern ihrer Grundschulklasse zu diesem Loslassen bewegen und gab am Tag vor dem Elternabend die Hausaufgabe: Rechenbuch, S. 45, Nr. 1, 3 und 4. Aber fast alle Kinder hatten auch die Nr. 2 gelöst. So konnte sie den Eltern erzählen, dass sie sich über ihre häusliche Hilfe freue. Aber wenn sie die 1, 3 und 4 aufgegeben habe, sei die 2 eben nicht dabei. Die Eltern sollten ihren Kindern vertrauen, dass sie ihre Pflichten schon richtig erledigen würden. Alles, was dabei nicht klappe, werde im Unterricht besprochen. Vielleicht diskutieren Sie diese Geschichte einmal bei Ihrem nächsten Elternabend in der Schule?

Beeil dich – wir haben keine Zeit!

Die Hetze im Alltag wirkt sich auch auf das Zusammenleben mit unseren Kindern aus. „Jeden Morgen die gleiche Katastrophe!", klagt eine Mutter beim Kindergarten-Elternabend ihr Leid. „Felix trödelt so lange, bis ich ihn doch ins Auto stecke und herfahre, obwohl ich den Fußmarsch mit ihm gerne genießen würde. Aber ich muss ja pünktlich auf der Arbeit sein."

Ebenso wie unseren Vorfahren stehen uns täglich 24 Stunden zur Verfügung. Wir haben sogar mehr Freizeit als unsere Eltern früher. Aber in dieser Zeit müssen mehr Entscheidungen getroffen werden. Abläufe sind schneller geworden, Termine drängen sich dichter. Von diesem Stress bleiben auch die Kinder nicht verschont. Felix und seine Mutter erleben morgens

Spannung und Druck anstelle eines gemütlichen Frühstücks mit anschließendem Spaziergang.

Wir alle leben in der Gefahr, den Bezug zu unserer eigenen Zeit zu verlieren. Bei Kindern wirkt sich die Fremdbestimmung durch Termine und Hektik besonders drastisch aus. Indem sie trödeln, wehren sie sich genau dagegen, dass ihr natürlicher Rhythmus gestört wird.

Die zeitlichen Zwänge lassen sich zwar nicht aufheben, aber dennoch kann Felix' Mutter etwas ändern. Wenn sie ihn zehn Minuten früher weckt als bisher, dürfen alle morgendlichen Verrichtungen ein bisschen länger dauern. Außerdem kann sie den Ablauf als spielerisches Ritual gestalten, das jeden Morgen gleich sein sollte: das Wecken mit ein bisschen Kuscheln verknüpfen, das Waschen mit einem spielerischen „Guten Morgen" für jeden Fuß, jede Hand und das Gesicht, das Frühstück mit „ein Häppchen für Oma, ein Häppchen für Opa" usw. Felix ist noch nicht in der Lage, Verantwortung für den komplexen Ablauf des Morgens zu übernehmen. Er lebt ganz im Hier und Jetzt und folgt seiner eigenen Zeit. Schade eigentlich, dass das nicht geht …

Danke schön!

„Manchmal ist es mir richtig peinlich", gesteht Frau R. im Beratungsgespräch. „Karlchen kann einfach nicht ‚Danke' sagen, wenn es sich gehören würde. Ob ihm die Verkäuferin in der Metzgerei eine Scheibe Wurst gibt oder die Oma ein Überraschungsei mitbringt, er bedankt sich einfach nicht!"

Keine einfache Situation für Frau R. Die Oma reagiert möglicherweise beleidigt, die Verkäuferin wird sich ihren Teil nur denken. Die Mama jedoch fragt sich, was sie falsch gemacht hat, dass ihr Sohn so ungezogen wirkt. Dabei ist er ansonsten ein goldiger Kerl.

„Thank you for flying with ..." – so lautet der Abschiedsgruß nach der Landung im Flugzeug. Auch der ICE-Reisende hört vor dem Aussteigen ein Dankeschön des Zugführers aus dem Bordlautsprecher. Diese Sitte kommt aus Amerika. Sie drückt nicht nur Geschäftstüchtigkeit aus, sondern auch ein anderes, von Gleichwertigkeit bestimmtes Menschenbild. Wie oft betonen wir Eltern im Gespräch mit anderen, wie viel Freude unser Kind uns macht? Aber kaum jemand sagt dann abends mal zu ihm: „Danke für den schönen Tag, den ich heute mit dir hatte."

Wir machen Kindern immer wieder deutlich, dass wir etwas von ihnen erwarten, so wie Frau R. von Karlchen: „Ich erwarte von dir, dass du ‚Danke' sagst, wenn die Oma dir was mitbringt." Dabei spürt Karlchen nur zu gut, dass damit das persönliche Verhältnis zu seinen Ungunsten festgelegt wird: hier die wohltätig-gebende Oma, dort das abhängig-empfangende Kind. Kinder sind zwar noch in der Entwicklung, aber als Menschen doch von Anfang an gleichwertig. „Danke, dass ich dich besuchen darf", könnte die Oma sagen. Dann versteht Karlchen, dass er auch als Gebender angesehen wird. Und dann wird ihm das Danke-Sagen leicht fallen, wenn er etwas bekommt.

Danke, dass Sie diese Zeilen gelesen haben!

Beim Richtigen erwischen!

Timmy ist das heulende Elend in Person. „Nie mach' ich was richtig!", schluchzt er hemmungslos. „Immer mach' ich Fehler bei den Hausaufgaben. Fast jedes Mal muss ich irgendwas neu schreiben, weil meine Mutter es durchstreicht. Am liebsten würde ich nie mehr Hausaufgaben machen."

Seine Tränen passen so gar nicht zu der modern gegelten Frisur und den coolen Klamotten. Timmy besucht die 5. Klasse einer Gesamtschule – weil das Grundschulzeugnis nicht für das Gymnasium „gereicht" hatte. Er ist unglücklich – und er ist kein Einzelfall.

Mehr als 40 Prozent aller Mütter (Väter kümmern sich eher selten um Hausaufgaben) streichen ihren Kindern immer wieder Teile der Schularbeiten durch und verlangen von ihnen, sie neu zu schreiben. Weil sie sich wünschen, ihr Kind möge in der Schule gut sein, suchen sie alle Fehler in den Hausaufgaben und fordern, dass ihr Kind sie konsequent tilgt. Doch Timmy macht uns deutlich, in welch einen Teufelskreis er dadurch geraten ist: mütterliche Kontrolle – Unlust – weniger Anstrengung – schlechte Noten – mehr mütterliche Kontrolle – usw.

Timmys Mutter kann jedoch lernen, den Teufelskreis zu durchbrechen. Sie soll ihn konsequent beim Richtigen erwischen. Sie könnte sagen: „Schön, dass du an den Hausaufgaben sitzt, obwohl du sie so sehr hasst." Auch auf die Fehler in den Hausaufgaben kann sie positiv reagieren: „Du hast sieben Aufgaben richtig" klingt wesentlich ermutigender als „Schon wieder drei Fehler – kannst du nicht besser aufpassen?" Und die Nachfrage „Wie zufrieden bist du mit deiner Schrift?“ oder „Wie wird der Lehrer dein Heft beurteilen?“ hilft Timmy, seinen Qualitätsmaßstab an der Realität der schulischen Anforderungen auszurichten und ein eigenes Maß zu finden. So wird sein Selbstbild realistischer, sein Selbstwertgefühl stabiler und seine Leistungsmotivation wieder stärker.

„Du Streber!“

Frau T. ist entsetzt. „Streber haben sie Kathrin gerufen!“ Ihre Stimme zittert. „Ganz aufgelöst kam das Kind nach Hause. Nur weil sie eine Eins in der Mathematikarbeit hat, stellen ihr jetzt Mitschüler nach. Sie haben ihren Ranzen ausgekippt und sie bedroht. Kathrin hat Angst, morgen in die Schule zu gehen.“

Außer Kathrin werden nun aber auch einige andere Kinder in ihrer 7. Klasse Angst haben, dass es ihnen ähnlich gehen könnte, wenn sie mal eine gute Note schreiben. Mädchen erzielen im Durchschnitt bessere mathematische und naturwissenschaftliche Leistungen als Jungen, wenn sie sich nicht aus Angst vor dem Strebervorwurf zurückhalten.

In Kathrins Fall reicht es nicht, das Kind zu trösten und zu ermutigen. Ihre Mutter ruft die Klassenlehrerin an, die verständnisvoll reagiert und verspricht, den Vorfall behutsam, aber konsequent mit der Klasse aufzuarbeiten. Es hilft ja nichts, die Übeltäter einfach zu bestrafen und damit ihren Hass auf die erfolgreiche Mitschülerin weiter zu schüren. Es würde aber auch nichts helfen, die Konfliktlösung allein den Kindern zu überlassen. Ein klares, öffentliches „Stopp!“ ist wichtig, um die überschrittene Grenze deutlich zu machen. Auch eine Wiedergutmachung ist angebracht. Und schließlich sollte geklärt werden, warum es manche Schüler nicht aushalten, dass andere bessere Noten erzielen. Stehen sie so sehr unter Druck? Sind sie neidisch? Suchen sie Anerkennung? Streber gelten als unkameradschaftlich. Wie gerne jedoch würden manche der leistungsstarken Schüler/innen, z. B. Kathrin, ihre Fähigkeiten in den Dienst der Gemeinschaft stellen!

Durch kooperatives Lernen im Unterricht und das Konzept „Schüler helfen Schülern" am Nachmittag lässt sich die Energie der Kinder in konstruktive Bahnen lenken. Ein gutes Thema für Elternabend, Schulpflegschaft und Schulkonferenz – finden Sie nicht auch?

Vorbild in Sachen „Regeln"

Eine Schulleiterin erzählte mir von einem Vater. Sie hatte ihn zum Gespräch eingeladen, weil sein Sohn, er ist in der dritten Klasse, immer wieder die Regeln in der Schule verletzte und dabei sich und andere Kinder gefährdete. Gerade wollte sie das Gespräch eröffnen, als der Hausmeister störte: Ob sie wisse, wem der BMW gehöre, der in der Schulbus-Haltebucht stehe. Da musste dieser Vater erst einmal sein Auto umparken …

Eine alte Erziehungsweisheit lautet: „Wir brauchen unsere Kinder nicht zu erziehen – sie machen uns sowieso alles nach." Das Beispiel des Vaters macht das eindrucksvoll deutlich. Wahrscheinlich hält er sich im Straßenverkehr häufig nicht an die Regeln. Sein Sohn übernimmt diese Haltung unbewusst und überträgt sie auf seinen Lebensbereich, die Schule.

Aber wir sind ja nicht so wie jener Vater – oder? Rund 3.000 Kinder werden in NRW alljährlich verletzt, weil sie im Auto nicht angeschnallt sind. Täglich erlebe ich, wie vor der Grundschule in meiner Nachbarschaft Kinder von eiligen Müttern im absoluten Halteverbot aus dem Auto springen. Viele von ihnen sitzen vorn, obgleich das (sinnvollerweise!) erst ab zwölf Jahren erlaubt ist. Nicht nur, dass diese Mütter ihre Kinder gefährden – sie vermitteln mit diesem Verhalten täglich, dass Regeln nicht eingehalten werden müssen, wenn sie mich gerade stören. „Ich hab' nichts gemacht – ich wollte doch nur gerade ...", argumentieren Kinder immer wieder, wenn wir sie auf ein Fehlverhalten hinweisen.

Mit Worten zu erziehen bleibt fruchtlos, wenn das Alltagsverhalten nicht mit dem Sinn der Worte übereinstimmt. Kinder kopieren unser Vorbild und wenden es in ihrem eigenen Alltag an. Eigentlich toll, dass sie so lernfähig sind! Wir sollten ihr Vertrauen darauf, dass wir alles richtig machen, nicht enttäuschen.

Das kostbarste Geschenk

Die Vorfreude auf das Weihnachtsfest steigt in diesen Tagen bei unseren Kindern ins schier Unermessliche. „Ich weiß schon, was ich kriege", verrät mir Kerstin und grinst dabei schelmisch. Ihr Bruder Sebastian weiß es nicht so genau, aber er hat in mehreren dicken Spielzeugkatalogen vorsichtshalber jede Menge Artikel angekreuzt.

Bei der Bescherung wird es vor Aufregung mit Sicherheit rote Backen und heiße Köpfe geben. Die vielen neuen Sachen müssen sofort begutachtet und ausprobiert werden. Aber sind diese Geschenke wirklich das, was Kinder brauchen? Haben sie nicht ohnehin schon so viel Spielzeug, dass sie es weder allein aufräumen können noch den vollständigen Überblick über ihre Besitztümer haben?

Was brauchen Kinder? Viele bekommen Fernsehen statt Zuwendung, Süßigkeiten statt Zärtlichkeit und Spielsachen statt eines Mitspielers. Ihre Suche nach Erfüllung der grundlegenden Bedürfnisse wird mit Ersatzbefriedigungen beantwortet.

Das kostbarste Geschenk, das wir unseren Kindern machen können, ist deswegen – Zeit. Wir sollten sie das ganze Jahr über verschenken: Zeit zum Reden, zum Spielen, zum Kuscheln, zum gemeinsamen Lesen und – warum nicht – ab und zu auch zum gemeinsamen Fernsehen. Vielleicht legen Sie zu all den Spielsachen noch einen ganz besonderen Gutschein unter den Weihnachtsbaum: „30 Minuten für dich und mich zusammen." Wenn das Kind ihn bei Mutti oder Vati für ein gemeinsames Spiel eingelöst hat, können die ihn bei nächster Gelegenheit wieder bei ihm einlösen, um es beispielsweise zu einem Spaziergang einzuladen. So könnte er hin- und herwandern und zu mehr gemeinsam verbrachter Zeit führen. Wann fangen Sie mit dem Einlösen an?

Trödeln bei den Hausaufgaben

„Mein Kind trödelt immer so entsetzlich bei seinen Hausaufgaben“, klagt mir eine Mutter am Rande eines Vortrags ihr Leid. „Michael könnte in einer halben Stunde fertig sein, bei dem Bisschen, das er im zweiten Schuljahr aufkriegt. Aber meistens braucht er die dreifache Zeit. Wie kann ich ihn bloß zum schnelleren Arbeiten kriegen?“

Ja, es ist nicht leicht zuzuschauen, wenn sich das eigene Kind das Leben schwer zu machen scheint. Wer möchte nicht, dass es fröhlich und unbeschwert durchs (Schul-) Leben geht und ohne Mühe erfolgreich ist!?

Aber macht es wirklich Sinn, diesen Michael „zum schnelleren Arbeiten zu kriegen“? Leidet er denn unter seinem Tempo? Genießt er es vielleicht sogar, in aller Ruhe vor sich hin zu denken? Spielt er mit seinen Gedanken? Gerät er auf Nebengleise und Umwege und entdeckt genau dadurch interessante Zusammenhänge? Oder ist er im Unterricht auch so langsam und hat deswegen Nachteile? Wie ist die Qualität der trödelnd gefertigten Arbeit?

Wir Erwachsenen leiden selbst unter dem Tempo und der Hektik unserer Zeit. Herz- und Kreislaufbeschwerden bis hin zu Infarkten und Schlaganfällen stehen an der Spitze aller Krankheitsgruppen. Sie sind Folgen von negativem Stress, davon, dass wir ständig gegen unsere Zeitbedürfnisse leben. Müssen wir da auch schon die *Eigenzeit* von Kindern missachten und ihren Rhythmus fremdbestimmen? Wie sollen sie GeLASSEN-heit entwickeln, wenn wir sie nicht LASSEN, sondern zum normgerechten Funktionieren zwingen?

Ich bin sicher, dass Michael sein Arbeitstempo im Laufe der Zeit steigern wird. Schließlich wird jeder ökonomischer, sobald er eigene Ziele hat. Spätestens, wenn er mal Besseres vorhat als Hausaufgaben, wird er fix sein – vielleicht irgendwann fixer, als es seiner Mutter lieb ist …

Gute Vorsätze

„Im neuen Jahr möchte ich in Bezug auf mein Kind gerne alles besser machen!“ Frau F. sitzt mir im Beratungszimmer gegenüber und schaut mich an, als ob sie nur auf meine begeisterte Bestätigung warte. „Was meinen Sie mit ‚alles besser‘?“, frage ich zurück. „Na ja“, meint sie, „ich will Claudio ein besseres Vorbild sein.“

Es ist richtig: Kinder nehmen uns Erwachsene, in erster Linie ihre Eltern, als Vorbild. Sie beobachten uns genau, ahmen uns nach und übernehmen unsere Einstellungen und Haltungen. Also brauchen sie unser möglichst gutes Vorbild. Und es ist auch durchaus anerkennenswert, wenn eine Mutter wie Frau F. sich vornimmt, ihrem Sohn ein gutes Vorbild zu sein.

Aber ich bin skeptisch, wenn sie „alles besser machen“ will. Gute Vorsätze zum neuen Jahr haben ja eine lange Tradition, doch die Erfahrung lehrt, dass nur wenige von ihnen in die Tat umgesetzt werden. Je allgemeiner ein Vorsatz formuliert wird, desto geringer ist die Chance aufs Gelingen. Ein besseres Vorbild zu sein ist ein extrem allgemeines Ziel. Vorbild ist ja nicht das Bild eines perfekten Menschen, das die Mutter vor sich her trägt und wortreich immer wieder beschwört. Vorbild ist das Bild, das das Kind sich in einer bestimmten Situation von ihr vorstellt, wenn es sich fragt: „Was würde Mama jetzt tun?"

Frau F. versteht und ist erleichtert. „Ja", sagt sie, „ich habe die besten Absichten, aber ich weiß ja, dass ich nicht perfekt bin."

Wenn es perfekte Eltern gäbe – ihre Kinder würden sie dafür hassen. Frau F. nimmt sich nun vor, jeden Abend beim Gute-Nacht-Ritual mit Claudio darüber zu reden, was sie beide am Tag gut gemacht haben und was sie hätten besser machen können. Ein ganz konkreter guter Vorsatz – ich bin zuversichtlich, dass Frau F. seine Verwirklichung gelingen wird.

Wenn Kinder Löcher in den Bauch fragen

„Oh Gott, ist das anstrengend", stöhnt eine Mutter in der Diskussion nach meinem Vortrag im Kindergarten. „Timmy fragt mich seit ein paar Wochen ständig warum, wieso, weshalb. Ich glaube, ich kriege bald wirklich Löcher im Bauch!"

Die anderen Eltern lachen verständnisvoll. Wer ein Kind hat, weiß, dass das zweite Fragealter etwa zwischen drei und fünf Jahren unausweichlich und für die Entwicklung eines Kindes ganz normal ist. Trotzdem ist es manchmal schwierig auszuhalten. Zum einen ist die Fragehäufigkeit enorm und stellt hohe Ansprüche an die Zuwendungsbereitschaft der Eltern. Zum anderen kennen Kinder keine Tabus, was gelegentlich zu peinlichen Situationen führt. Wenn Timmy laut in der Straßenbahn herausposaunt: „Warum ist der Mann da so dick?“, wird das viele Umstehende zum Lachen bringen, aber wahrscheinlich nicht seine Mutter.

Dass Kinder so tabulos sind, ist eigentlich eine Stärke. „Kinder und Narren sagen die Wahrheit“, weiß der Volksmund. Timmys Mutter muss keine langen Vorträge über falsche Ernährung oder mögliche Krankheiten halten. Wenn sie eine einfache Antwort parat hat, sollte sie die sagen. Ein „Das weiß ich nicht“ wäre gleichfalls völlig in Ordnung, wenn es nicht zur täglichen Standardantwort wird.

Am spannendsten ist es jedoch stets, wenn man zurückfragt: „Was denkst du denn?“ Kinder sind schon in diesem Alter erstaunliche Philosophen. Versuchen Sie dann bitte nicht, mit wissenschaftlicher Wahrheit gegen die Vorstellungen des Kleinkindes zu argumentieren. Die wird es im Laufe der Zeit auch ohne Belehrungen überwinden. Aber nutzen Sie ruhig die Chance, in eine unverdorbene und fantasievolle Gedankenwelt einzutauchen und daran teilzunehmen, wie ein Menschenkind sich sein Weltbild aufbaut.

Erwachsene übernehmen Verantwortung

„Erinnern Sie sich noch an meinen Patrick?", fragte mich kürzlich eine Mutter, die ich früher einmal intensiv beraten hatte. „Vor ein bis zwei Jahren machte er uns noch solchen Kummer. Und jetzt brachte er stolz sein Halbjahreszeugnis der dritten Klasse heim: lauter Zweier! Ist das nicht wunderbar?"

Ja, das ist wirklich wunderbar. Patrick erregte schon früh im ersten Schuljahr den Verdacht, dass er unter ADHS leiden könnte, einer Aufmerksamkeitsschwäche mit Hyperaktivität. Oft verweigerte er die Mitarbeit, verkroch sich unter seinen Tisch und schrie. Seine Lehrerin verzweifelte schier. An der Schule galt er bald als „unbeschulbar"; ein Sonderschulverfahren drohte.

Doch ein erfahrener und umsichtiger Kollege schaffte es, Patricks Geschichte zum Guten zu wenden. Der Junge wechselte in seine Klasse. Verhaltens- und Erziehungsmaßnahmen wurden in regelmäßigen Gesprächen eng mit den Eltern abgestimmt. In der immer vertrauensvoller werdenden Zusammenarbeit konnten diese schließlich motiviert werden, professionelle Hilfe bei der Kinderpsychiatrie einer Klinik in Anspruch zu nehmen. Im Rahmen der Verhaltenstherapie für den Jungen trainierten auch die Eltern ihr Erziehungsverhalten. Sie entwickelten mehr Regelmäßigkeit sowie klare Strukturen für den Familienalltag – und hielten die Schule nun stets auf dem Laufenden. Insbesondere mussten sie lernen, mehr Zuverlässigkeit in Bezug auf die pünktliche Tabletteneinnahme zu entwickeln.

Patrick war schon immer begabt. Er hat sich auch immer bemüht, alles richtig zu machen. Dass er jetzt lauter Zweier im Zeugnis hat, ist vor allem sein persönlicher Erfolg. Er konnte das jedoch erst schaffen, als die verantwortlichen Erwachsenen in seinem Umfeld bereit waren, hinzuzulernen und den Rahmen für seine Entwicklung passend zu gestalten.

Ein Kind ist immer eine Herausforderung – nehmen wir sie an!

Fantasiereisen gegen Kinderstress

„Können Sie mir eine gute CD mit Fantasiereisen für Kinder empfehlen?", fragt mich eine Mutter in der Diskussion nach meinem Vortrag über Konzentrationsförderung.

In der Tat sind Fantasiereisen etwas sehr Nützliches. Sie helfen Kindern wie auch Erwachsenen zu entspannen. Das ist angesichts des Stresses, dem Schulkinder heutzutage ausgesetzt sind, sehr wertvoll. Im Fachhandel wird man Ihnen sicherlich u. a. Else Müller empfehlen, die Übungen aus dem Bereich des autogenen Trainings in ihre märchenhaften Texte integriert. Vielleicht weist man Sie auch auf Hassan Refay hin. In seinen Abenteuergeschichten für Kinder fließen spielerisch Mutmach-Sprüche sowie Konzentrations- und Entspannungsübungen in die Handlung ein. Auch die Fantasiereisen von Volker Friebel und noch von vielen anderen sind ausgezeichnet. – Sie merken schon: Es ist ein großer Markt für Produkte entstanden, die uns und unseren Kindern Entspannung bringen sollen. Aber wir Erwachsenen sind es, die diese Welt gestalten. Wir erzeugen selbst den Stress und könnten wenigstens einen Teil davon selber reduzieren!

Wie sieht es zum Beispiel mit dem Erwartungsdruck in Bezug auf die Schulleistungen unseres Kindes aus? Unsere Zukunftssorgen machen ihm Druck, Druck macht Angst und „Angst macht dumm", wie der Volksmund weiß.

Oder bringen wir nicht selbst oft genug unser Kind in Hektik und Zeitnot, weil wir ihm alles bieten wollen?

Schalten wir einen Gang zurück! Wenn wir dann immer noch meinen, unser Kind brauche Fantasiereisen, dann sollten wir uns zuallererst auf unsere eigenen Möglichkeiten besinnen. Die besten Fantasiereisen sind immer noch die in kuscheliger Atmosphäre selbst erzählten oder vorgelesenen Märchen und Kinderromane.

Schimpfwörter

Robbie R. ist vier. Er geht jetzt in den Kindergarten. Seine Mama erzählt mir, dass dort eigentlich die Sprachförderung ganz großgeschrieben wird. Aber im Augenblick ist sie eher verzweifelt, denn seit Robbie den Kindergarten besucht, wartet er zu Hause mit Schimpfwörtern auf, bei denen seine Eltern rot werden.

Als Frau R. mir das erzählt, fällt mir ein, dass meine Mutter mir als Kind eine Zeit lang immer einen Groschen anbot, wenn ich ein neues Schimpfwort unterlassen würde. Doch lange hat sie das nicht durchgehalten, denn Schimpfwörter fanden sich reichlich …

Für kleine Kinder haben Schimpfwörter vor allem dadurch einen großen Reiz, dass sie andere Kinder und natürlich auch Erwachsene so herrlich provozieren können. Die wahre Bedeutung der Ausdrücke kennen sie in aller Regel nicht. Ältere wollen andere durchaus bewusst beleidigen und verletzen; sie setzen Schimpfwörter als verbale Waffe ein. Damit wird die Verwendung von Ausdrücken jedoch zu nichts anderem als Gewalt. Hier sind wir Erwachsenen gefragt: Null Toleranz für Gewalt! Einer ersten Ermahnung sollten die gelbe und im Wiederholungsfall unverzüglich die rote Karte folgen.

Mit der Ermahnung muss allerdings eine Aufklärung verbunden sein: Was bedeutet der Ausdruck eigentlich? Und bitte keine Scheu vor der Entlarvung solch ordinärer Begriffe wie beispielsweise „Arschficker"! Unsere Kinder sind durch die Medien eine Menge gewohnt. Wenn wir als Eltern jedoch sprachlos bleiben und nicht aufzeigen, wie entwürdigend und demütigend solche Wörter sind, können wir keine Einsicht erwarten.

Eine „schwarze Liste" von Ausdrücken kann helfen, akzeptable verbale Äußerungen aus Wut und Ärger von nicht akzeptablen zu unterscheiden. Dann müssen aber auch wir uns an diese Liste halten. Machen Sie ruhig einmal die Nagelprobe, etwa bei einer Autofahrt durch dichten Stadtverkehr. Ganz schön schwierig, oder?

Mein Kind erzählt nichts

Frau S. ist ratlos: „Wenn Sascha aus der Schule nach Hause kommt und ich ihn frage, wie es war, dann erzählt er überhaupt nichts. Manchmal brummelt er ‚gut‘, ‚geht so‘ oder ‚ganz okay‘, aber mehr kommt nicht.“

Sie fühlt sich ausgeschlossen durch Saschas Schweigsamkeit. In der Grundschule hat nicht nur das Kind mehr erzählt, sondern sie hatte auch besseren Kontakt zur Klassenlehrerin. Die Schule war nicht weit weg, man sah sich öfter und Eltern waren enger ins Schulleben eingebunden. Doch nun ist Sascha auf einer weiterführenden Schule in einem anderen Stadtteil. Frau S. kennt seine Lehrer gar nicht alle, obwohl er schon im zweiten Jahr dorthin geht. Bei den Hausaufgaben will er sich neuerdings auch nicht mehr helfen lassen, nur seine Klassenarbeiten legt er ihr regelmäßig zur Unterschrift vor. Sie ist meistens mit seinen Noten zufrieden, aber findet, eigentlich könnte er in manchen Fächern auch noch besser sein.

Für mich klingt alles, was Frau S. über ihren Sascha erzählt, beruhigend normal. Der Junge wird selbstständiger und sieht die Schule offenbar als seine Sache, die die Mutter nicht mehr viel angeht. Aber gegen ihr Gefühl des Ausgeschlossen-Seins kann sie etwas tun: die Kommunikation innerhalb der Familie stärken! Ein regelmäßiger Spiele-Abend in der Woche anstatt des Fernsehens sorgt ganz ungezwungen für mehr Gespräch und Austausch. Wenn Eltern dann aus ihrer Schulzeit erzählen, erzählt auch das Kind mehr. Bei Quizspielen können Unterrichtsinhalte aus der Schule „ins Spiel“ kommen und damit Fächer, Lehrer, Erlebnisse.

Auf der Grundlage eines solchen Miteinanders fällt es Eltern leichter, die heranwachsenden Kinder mehr und mehr loszulassen. Die müssen das Flattern schließlich üben, damit sie eines Tages flügge sind.

Komm her – bleib da!

Beim Spaziergang am Strand fällt mir ein schick gekleidetes Ehepaar mit Kind auf. Die Kleine mag vier Jahre alt sein. Sie trägt einen bunten, wasserdichten Overall und Gummistiefel – sehr zweckmäßig gekleidet also für einen Aufenthalt am Strand.

Zwischendurch bleibt sie zurück und gräbt mit den Händen im Schlamm, wo es jede Menge zu finden und zu entdecken gibt. Die Eltern sind ins Gespräch vertieft. Als die Mutter den kleinen Abstand bemerkt, zögert sie kurz. Dann breitet sie die Arme aus und ruft: „Sabrina, komm in Mamas Arme, aber ohne Sand an den Händen!" Die Kleine guckt kurz, vertieft sich dann aber noch mehr in ihr Spiel im Schlamm.

Die Aufforderung der Mutter an ihr Kind enthält eine in sich widersprüchliche Botschaft. Sie fordert ihr Kind einerseits auf, zu ihr zu kommen, will aber gleichzeitig, dass es nicht so zu ihr kommt, wie es ist. Es soll keinen Schmutz mitbringen, obwohl es doch gerade im Schlamm spielt. Wie soll Sabrina dieser gegensätzlichen Aufforderung gerecht werden? Sie will gehorsam sein, ist es aber weder, wenn sie jetzt einfach zur Mama läuft, denn ohne kräftiges Schrubben werden ihre Hände nicht sauber, noch, wenn sie da bleibt, wo sie ist. Sie befindet sich also in einer regelrechten Zwickmühle. So bleibt ihr gar nichts anderes übrig, als so zu tun, als habe sie gerade etwas ganz Besonderes entdeckt.

Der Mutter ist die Widersprüchlichkeit ihrer Aufforderung mit Sicherheit nicht bewusst. Sie wollte wohl einfach verhindern, Stranddreck an ihre schöne Kleidung zu kriegen. Aber sie hat dem Kind unbewusst mitgeteilt: „Ich will dich, aber nicht so, wie du bist." Kinder brauchen jedoch bedingungslose Liebe, denn anders können sie kein Vertrauen entwickeln. Und außerdem: Was ist schon ein Strandspaziergang ohne Sand in den Klamotten?

Erziehen mit Stützrädern?

In meinem Wohnviertel, in dem viele Familien mit Kindern leben, kann man wunderbar beobachten, wie die Kleinen lernen, Fahrrad zu fahren. Noch immer greifen Eltern dabei gerne auf jene Fahrzeuge zurück, an denen Stützräder montiert sind, die man später abschrauben kann.

„Das ist doch die sicherste Methode", glauben Bekannte aus der Nachbarschaft. „So kann Kurt beim Üben nicht umkippen. Wenn er sicher treten und lenken kann, entfernen wir die Stützräder, und er hat noch was von seinem Rädchen, bis er in die Schule kommt."

Verkehrserziehungsexperten raten schon lange von diesem Muster ab. Zuerst müssen die Kleinen nämlich Sicherheit in Bezug auf das Gleichgewicht entwickeln. Dazu ist ein Laufrad ideal. Wenn die Balance gehalten werden kann und das zunehmende Tempo samt Lenken immer besser beherrscht wird, ist das Umsteigen auf Pedale ein Leichtes.

Das Verhalten der Eltern beim Radfahren-Lernen ist vergleichbar mit ihrer Erziehungshaltung. Die Stützräder verhindern zwar, dass das Kind mit dem Rad umkippt, behindern aber seine motorische Entwicklung. Nur die eigenen Erfahrungen mit der Balance, was anfängliches gelegentliches Umfallen einschließt, lassen ein sicheres Gleichgewichtsgefühl wachsen. Die Selbsttätigkeit führt zur Selbstständigkeit.

Deswegen brauchen Kinder keine ängstliche Sicherheitserziehung und vor allem keine passive Unterhaltung vorm Fernseher oder mit Bildschirm-Spielen. Sie brauchen die Möglichkeit, sich aktiv zu bewegen, zu forschen, zu experimentieren und zu entdecken. Sie müssen toben, klettern, balancieren, bauen, buddeln und sammeln – eben all das tun können, was Kinderherzen glücklich und Waschmaschinen voll macht. Nur wer Risiken erlebt, hat die Chance zu lernen, sie zu beherrschen.

Der Familienrat tagt

Es war ein trauriger TV-Krimi, in dem eine Zwölfjährige über das Internet an einen vermeintlichen Model-Fotografen geraten war. Der Film war deswegen so traurig, weil die Unfähigkeit in der Familie, miteinander zu reden, mit Händen zu greifen war. Niemand erreichte das Mädchen in seinen pubertären Nöten.

Wir leben im so genannten Kommunikationszeitalter. Genau genommen ist es jedoch das Zeitalter der Kommunikationsmedien, nicht des Miteinander-Redens. Unpersönliche Internet-Chats, das Beenden von Freundschaften per SMS und das Downloaden fertiger Hausaufgaben sind der Kommunikationsalltag unserer Kinder. Wo bleibt das Gegengewicht dazu in unserer Familie? Es ist nur allzu offensichtlich, dass persönliche Gespräche, das sorgfältige Abwägen von Argumenten in einer Diskussion oder das Bilden einer Meinung durch Meinungsaustausch zu kurz kommen.

Eine wunderbare Übung für diese Fähigkeiten wäre der Familienrat. Außer bei aktuellen Anlässen tagt er regelmäßig einmal wöchentlich, beispielsweise am Donnerstag nach dem Abendessen. Die Woche über kann jedes Familienmitglied, das ein Anliegen hat, sein Thema in einer Kladde eintragen. Ob es um die Erledigung von Familienpflichten, Taschengeld, Ausgeh-, Fernseh- und Computerzeiten, Ausflugsziele, Freunde, Liebeskummer oder den Klimawandel geht – alle Themen sind erlaubt. Den Vorsitz hat – nach anfänglicher Einübung durch die Eltern – reihum jedes Familienmitglied. Selbst Kindergartenkinder können nach und nach in die Form einer solchen Gesprächsrunde hineinwachsen. Sie kann mit ritualisierten Themen angereichert werden: „Mein schönstes Erlebnis in dieser Woche“, „Ein tolles Buch“, „Was mich geärgert hat“ usw.

Die Sprachförderung in der Familie kommt vor der Sprachförderung im Kindergarten – und sie geschieht einfach durchs Miteinander-Reden.

Sind Familienpflichten altmodisch?

„Ich kann doch von meinem Jungen nicht verlangen, regelmäßig die Spülmaschine auszuräumen!", empört sich eine Mutter in der Diskussion nach einem Vortrag über Disziplinerziehung. „Erstens würde da häufig was zu Bruch gehen und zweitens ist mein Kind doch nicht mein Haussklave!"

Kann man von seinen Kindern wirklich nicht verlangen, regelmäßige kleine Pflichten im Haushalt zu übernehmen? Dass das früher üblich war, kann hier zwar nicht als Argument gelten. Aber dass jeder, der in einer Gemeinschaft lebt, nicht nur von ihr profitieren kann, sondern auch etwas zu ihrem Funktionieren beitragen muss, gilt grundsätzlich auch heute. Kinder wollen das sogar gerne, wenn sie klein sind. Sie möchten der Mama beim Kartoffelschälen oder Abspülen helfen, weil sie das interessant finden. Wir lassen sie dann manchmal nicht, weil wir fürchten, dass etwas kaputt gehen, das Kind sich verletzen oder alles zu langsam gehen könnte.

Wenn Kinder solche kleinen Arbeiten ausführen dürfen, machen sie jedoch wichtige Erfahrungen. Sie werden zunehmend geschickter und fingerfertiger, denn „tüchtig" kommt von „tun". Sie merken, was sie schon können und was (noch) nicht. Über dieses Selbst-Bewusstsein von den eigenen Stärken und Begrenztheiten entwickelt sich das Selbstwertgefühl: „Ich kann helfen, ich bin wichtig, ich werde gebraucht." Kinder, die diesen Selbstwert nicht entwickeln, neigen zu aggressivem, rücksichtslosem Verhalten.

Die regelmäßigen kleinen Pflichten lassen unsere Kinder sicherlich auch irgendwann murren und protestieren. Aber sie müssen lernen, dass Manches in einer Gemeinschaft einfach sein muss. „Hotel Mama“ ist für Kinder bequem. Vielleicht findet manch eine Mama auch, dass sie ihrem Kind gar nicht genug Bequemlichkeit bieten kann. Für die Entwicklung von Tüchtigkeit, Selbstständigkeit und Selbstwertgefühl unserer Kinder ist das jedoch sehr hinderlich.

Kinder mit eingebauter Fernsteuerung?

„Kathrin!“, ruft die Mama laut die Straße hinunter. Sie ist 50 Meter voraus. „Ich gehe jetzt weiter!“ Kathrin ist vielleicht zwei Jahre alt und rutscht auf ihrem roten Bobbycar zwischen diversen interessanten Abfällen hin und her, die in einer Fußgängerzone eben so herumliegen.

„Hey Kathrin“, klingt es jetzt ungeduldiger, „wo bleibst du denn?“ Kathrin ist keineswegs schwerhörig. Sie scheint ein munteres und neugieriges Mädchen zu sein. Darum ist ihre Aufmerksamkeit jetzt voll und ganz bei der Plastiktüte, die sie gerade gefunden hat. Schade – nichts drin! Aber nur einen Meter weiter liegt ein abgeschleckter Eisstiel am Boden, da fährt sie hin, um ihn näher zu untersuchen. „Igitt“, ruft ihre Mama aus, die jetzt endlich zu ihr gekommen ist, um sie zu holen, „lass das dreckige Zeug liegen!“ Ungeduldig greift sie nach der Schnur, um das Bobbycar abzuschleppen. „Warum hörst du denn nicht, wenn ich dich rufe?“, fragt sie noch. Aber dabei schaut sie schon nach vorn, denn sie will ja weiter. Kathrin schaut sich derweil nach anderen interessanten Objekten um.

Kinder haben keine eingebaute Fernsteuerung. Wer sie beeinflussen will, das wusste schon Pestalozzi, muss drei Dinge beachten: erstens Blickkontakt, denn sonst fühlt sich das Kind nicht angesprochen und reagiert nicht; zweitens Augenhöhe, denn wer auf Augenhöhe mit dem Kind kommuniziert, begibt sich auf eine gemeinsame Ebene mit ihm und kann nicht ignoriert werden; und drittens stärkt Körperkontakt die Botschaft an das Kind. Einander anfassen, vielleicht gar umarmen, stärkt die Beziehung und vermittelt, dass die Aufforderung liebevoll gedacht ist.

Kathrins Mama hat diese Bedingungen missachtet. Da ist es ganz normal und kein bisschen ungezogen, dass das Mädchen ihr nicht folgt.

Ein megageiles Handy

„Guck mal, ich hab' ein neues Handy!“, sagt David und reicht mir das Gerät. Er ist neun Jahre alt und spielt häufig mit den anderen Kindern in meiner Nachbarschaft auf der Wendeplatte. Alle sprechen seinen Namen englisch aus. „Donnerwetter!“, lobe ich das Gerät, ohne etwas davon zu verstehen. „Das ist megageil“, erklärt mir David, „damit kann ich Musik hören und Filme angucken. Meine Mama sagt, jetzt muss ich nie mehr Langeweile haben.“

David ist eines jener Kinder, deren Eltern wohlhabend genug sind, ihnen alle technischen Neuheiten kaufen zu können. Doch diese Kinder neigen eher dazu, sich zu langweilen, als die anderen. Erinnern Sie sich an *Momo,* jenes faszinierende moderne Märchen von Michael Ende? Die Grauen Herren versuchten, Momo mit tollen Puppen samt kompletten Garderoben auszuschalten. Aber je mehr dieser Spielsachen Momo bekam, desto mehr litt sie unter furchtbarer Langeweile. Und die Menschen um Momo herum opferten all ihre Muße, indem sie eingesparte Zeit bei der Zeitsparkasse einzahlten, um sich damit vermeintliches zukünftiges Glück zu sichern.

Davids Eltern sind offenbar auch Kunden bei der Zeitsparkasse. Sie sind tüchtig und verdienen gut. David soll es später mindestens genauso gut haben. Die Zeiten sind unsicher, da müssen sie doch vorsorgen, meinen sie. Aber darüber vernachlässigen sie das, was der Pädagoge Janusz Korczak „das Recht des Kindes auf den heutigen Tag“ nannte. Kinder leben im Hier und Jetzt. Was wir ihnen heute nicht an Zuwendung schenken, können wir nie mehr nachholen.

Ein Junge wie David braucht kein megageiles Handy, sondern echte, nahe Bezugspersonen. Er wird dann weniger Langeweile empfinden, wenn diese ihm durch das Erleben von inniger Gemeinschaft und Zugehörigkeit helfen können, einen Sinn im Leben zu finden. MP3-Musik und Handy-Filme sind dafür kein Ersatz.

Pauken in den Ferien?

„Christian hätte viel bessere Noten in seinem Zeugnis haben können, wenn er nicht so faul gewesen wäre“, stellt seine Mutter im Beratungsgespräch fest. „Ich habe mir fest vorgenommen, mit ihm in den Ferien regelmäßig zu üben. Schließlich soll er es in einem Jahr aufs Gymnasium schaffen.“

Auch wenn Christian es in diesem Punkt anders sieht, so hat er doch großes Glück mit seiner Mutter. Sie kümmert sich um ihn und will sein Bestes. Sie wendet Geld, Energie und Zeit auf, um ihn zu fördern.

Aber sie ist in der Gefahr, einen Fehler zu machen. Christian ist nämlich erst einmal froh, das Schuljahr hinter sich zu haben und über sechs Wochen nichts von Schule zu hören und zu sehen. Gerade für Kinder, die sich mit dem Lernen schwertun, ist Schule häufig Stress pur. Auch wenn sie Förderung nötig hätten – erst einmal haben sie Erholung nötig! Ihnen geht es da nicht anders als Erwachsenen, aber sie sind noch lange nicht so belastbar.

Dennoch kann Christians Mutter ihren Jungen in den Ferien fördern. Sie sollte seine Lernlust anstacheln, Interessen stärken und aktive Freizeit für ihn organisieren. Die Ferienprogramme von Museen und Büchereien sind ebenso unterhaltsam wie bildend. Mit Spiel- und Rätselbüchern für Kinder trainiert er bei schlechtem Wetter Konzentration ebenso wie Lesen, Schreiben und Rechnen. Unterhaltsame und gleichzeitig lehrreiche Spiele für lange Autofahrten findet man in Büchern wie im Internet (Suchbegriff: „Spiele für unterwegs“).

Und auch Christian darf ins world wide web: eine halbe Stunde pro Tag über www.blinde-kuh.de. Von „Aal“ bis „Zypresse“ findet er dort eine schier unendliche Fülle von Stichworten und Interessantes, auch zu seinen Lieblingsthemen. Hinterher lässt sich seine Mutter erzählen, was er dort Neues entdeckt hat. Das stärkt nicht nur seine Lernfreude, sondern auch ihre liebevolle Beziehung zueinander.

Sonne auf Kinderhaut

Wie leicht Kinder glücklich zu machen sind! Sandstrand und Wasser, dazu eine Schaufel und vielleicht noch ein Eimerchen – mehr ist nicht nötig, damit sie sich in stundenlanger Beschäftigung abarbeiten können, um abends erschöpft, aber glücklich ins Bett zu fallen.

Immer wieder kann ich solche Situationen im Urlaub an meinem Lieblingsstrand in Holland beobachten. Gerade dort, wo es so wunderbar flach ist, könnten kleine Kinder ein ungefährliches Paradies haben. Könnten wenn ihre Eltern nicht eine Gefahr häufig unterschätzen würden, nämlich die von uns Mitteleuropäern immer so heiß herbeigesehnte Sonne!

Oft spielen die Kleinen viele Stunden ungenügend geschützt unter strahlend blauem Himmel. Selbst Kleidung lässt UV-Strahlung durch, sofern sie nicht lichtschützend ausgerüstet ist (UPF = UV protection factor). Eine Sonnencreme verlängert die Zeit, in der der Eigenschutz der Haut funktioniert. Lichtschutzfaktor 20 beispielsweise heißt, dass man 20-mal so lange sonnen darf wie ohne Creme. Bei strahlendem Himmel am Meer wären das für ein Grundschulkind dann 20 x ca. 5 Minuten = 1 Stunde und 40 Minuten. Anschließend hilft auch Nachcremen nichts, denn die Haut hat nun ihre maximale Tagesdosis aufgenommen. Jede Minute darüber hinaus schadet ihr. Im Laufe des Lebens summieren sich die von zu viel Sonne verursachten Zellschädigungen und führen letztlich zu Hautkrebs.

Wenn ich die vielen Kinder mit wahrhaft krebsroter Haut am Strand sehe, frage ich mich, warum Eltern ihre Kleinen eigentlich standardmäßig davor warnen, auf die heiße Herdplatte zu fassen. Die Langzeitfolgen verbrannter Finger sind längst nicht so dramatisch wie die einer Hautrötung durch die Sonne. Wer seinem Kind ein langes und gesundes Leben wünscht, sollte es darum wirksam vor zu viel Sonnenlicht schützen – „gesunde Bräune" gibt es nicht!

Der Ernst des Lebens

In der Zeitungsannonce steht: „Lieber S., jetzt bist du ein großes Schulkind! Viel Spaß in der Schule, eine nette Lehrerin und viel Erfolg beim Lernen wünschen dir Oma und Opa."

Ist es nicht wunderbar, wie die Kinder heutzutage ins Schulleben starten können? Der erste Schultag wird als regelrechtes Familienfest begangen. Die Kleinen werden prächtig herausgeputzt. Fotoapparate und Videokameras halten die Einschulungsfeier bildlich fest. Die Annoncen in der Zeitung geben den i-Dötzchen, wie Schulanfänger in manchen Gegenden genannt werden, gute Wünsche mit auf den Weg. Wie anders war es doch zu meiner Kinderzeit! 1960 begann für mich „der Ernst des Lebens". Schon Monate vorher hieß es, wenn ich mal unartig war: „Warte nur, in der Schule geht es aber anders zu!" Von Anfang an war ein Gefühl der Angst mit Schule verbunden.

Aber ist das heute wirklich ganz anders? Der äußere Anschein wirkt fröhlich, aber welche Erwartungen lasten auf dem frischgebackenen Schulkind? Lernen kann sehr viel Spaß machen, tut es aber nicht immer. Auch die netteste Lehrerin wird von ihren Schülerinnen und Schülern Anstrengungen und die Erfüllung von Pflichten verlangen, nicht alles ist Vergnügen. Persönliche Vorlieben und Wünsche müssen sich an die Notwendigkeiten einer Klassengemeinschaft anpassen. Waren sie zuletzt noch die „Großen" im Kindergarten, sind sie nun wieder die „Kleinen" in der Schule. Bei all diesen Umstellungen für die Kinder erwarten ihre Eltern auch noch gute Beurteilungen und später Noten. 95 Prozent aller Schulanfänger gehen sehr gern in die Schule; im 4. Schuljahr sind es schon weniger als 50 Prozent.

Wäre es da nicht angemessen, den Schulstart weniger aufgeregt zu gestalten? Er ist ein wichtiger, aber ganz normaler Schritt für Kinder in unserer Gesellschaft. Wichtiger als großes Brimborium ist für sie das Gefühl, dass ihre Eltern zu ihnen stehen. Das und dazu eine schöne Schultüte wären eigentlich genug.

Lena und das Taschengeld

Lena, eine Tochter von Freunden, ist zehn und freut sich, dass sie jetzt auf eine weiterführende Schule gehen darf. Das hat auch damit zu tun, dass sie seither von ihren Eltern mehr Taschengeld bekommt. „Ich kriege jetzt jeden Sonntag 2,50 €!", strahlt sie über das ganze Gesicht.

Sind 2,50 € pro Woche eigentlich viel für eine Zehnjährige? Ich schaue im Internet in diverse Foren, in denen Eltern über Taschengeldfragen diskutieren und sich gegenseitig beraten. Da fragen sich manche, ob 5 € pro Woche für einen Achtjährigen nicht zu wenig seien! Die meisten Eltern im Internet gehen von viel höheren Sätzen aus, als Jugendämter und Erziehungsexperten in Deutschland empfehlen. Ob sie fürchten, als schlechte Eltern zu gelten, wenn die anderen Kinder mehr Taschengeld bekommen?

Nun, Lena freut sich über ihre Erhöhung, die ganz im Rahmen der Empfehlungen liegt. Als ich ihr ein Eis spendieren will, freut sie sich auch – und verlangt nur eine Kugel. In ihrem Kinderzimmer gibt es weder einen Fernseher noch elektronische Spiele. Sie gärtnert, malt, bastelt, liest viel und fantasiert sich Geschichten zusammen. Und bisher machte ihr das Lernen für die Schule stets Spaß.

Was Lena mehr hat als Geld, sind Anregungen zu sinnvoller Freizeitbeschäftigung und die zeitliche Zuwendung ihrer Eltern. Obwohl beide berufstätig sind, organisieren sie sich ein lebendiges Familienleben. „Zeit ist Geld" – das kann man auch so verstehen, dass Zeit für Kinder mehr wert ist, als sie materiell zu verwöhnen. Lena jedenfalls hat eine Menge Wünsche und Ziele. Sie weiß, dass sie nicht alle in Erfüllung gehen können, aber ein paar vielleicht schon, wenn sie etwas dafür tut. Sie kann sparen und sie kann arbeiten. Ihre Erfahrung ist: „Anstrengung lohnt sich." Das ist ein Reichtum, den Kinder mit viel Taschengeld nicht haben.

Wenn einer eine Reise tut ...

Die Plätze im Zugabteil waren für sie reserviert. Die Frau und ihr kleiner Sohn, vielleicht fünf Jahre alt, richten sich häuslich ein. Als alle Gepäckstücke verstaut und die Jacken an die Haken gehängt sind, wird der mobile DVD-Spieler aufgebaut.

„Wohin geht denn die Reise?“, versuche ich ein wenig Small Talk. „Nach München“, antwortet die Mutti. „Was ein Segen, dass es diese Geräte gibt! Anders wären die langen Strecken mit der Bahn mit Marco kaum auszuhalten.“ Sie legt dem Jungen, der schon ungeduldig auf seinem Platz zappelt, den gewünschten Film ein. Dann nestelt sie an ihrem i-Pod, setzt sich den Kopfhörer auf und klinkt sich aus.
Marco lacht immer wieder vergnügt vor sich hin und hüpft auf seinem Sitz herum. Was ihn erheitert, höre ich nicht, denn auch er trägt Ohrstöpsel.

Als ich in meinen Kindertagen mit der Oma im Zug verreiste, gab es solche Unterhaltungsmedien nicht. Sie las mir vor, machte mich auf die Wolken am Himmel aufmerksam, in denen man die wunderlichsten Figuren sehen konnte, oder erklärte mir die Landschaft.

Mein DVD-Spieler war ein Pixi-Buch. Was ist der Unterschied? Beim Vorlesen und Erzählen verfestigte sich die Beziehung. Es gab Körperkontakt. Wir waren ein Team, das diese Reise zu bewältigen hatte. Dabei hatte auch ich Verantwortung zu tragen – und meinen Beutel mit den Reise-Spielsachen. Ich war sicher auch anstrengend, aber ich galt nicht als lästig. In der Interaktion mit meiner Oma fand auch Bewegung statt; kindlicher Bewegungsdrang ist schließlich etwas ganz Normales. Die Wolken zu betrachten förderte das genaue Hingucken, trainierte also die visuelle Wahrnehmung und gleichzeitig die bildhafte Fantasie. Beides sind Elemente der Intelligenz.

Wenn einer eine Reise tut, dann kann er was erzählen – entweder davon, was er live und mit allen Sinnen erlebt hat, oder von einer Filmkonserve.

Frustrationstoleranz heißt Geduld

Nach einem Vortrag, in dem ich erklärt habe, welche Faktoren für den Schulerfolg von Kindern wichtig sind, kommt eine Frau auf mich zu. Sie fragt: „Können Sie mir einen Tipp geben, wie ich meinem Kind rasch zu mehr Frustrationstoleranz verhelfe?"

Heutige Kinder tun sich tatsächlich schwerer mit der Frustrationstoleranz als frühere Generationen. Ihre Ausdauer beim Lösen von Problemen ist geringer. Sie geben schneller auf, wenn etwas nicht klappt. Doch einen Vorwurf kann ich ihnen daraus nicht machen.

Wir leben schließlich in einer Instant-Zeit: Ein Löffelchen Instant-Pulver, heißes Wasser darüber gießen, umrühren – fertig ist der Lebensgenuss. Unser Zeitgeist lässt uns alles wollen, und zwar gleichzeitig, sofort und ohne Aufschub. Und wenn ich mit dem Auto im Stau stehe, kann ich die mangelnde Frustrationstoleranz von uns Erwachsenen an vielen lebenden Beispielen um mich herum beobachten.

Und nun will diese Mutter wissen, wie sie ihrem Kind RASCH zu mehr Frustrationstoleranz verhelfen kann. Kinder entwickeln diese Eigenschaft von selbst, wenn man sie ihnen vorlebt und sie sich darin üben können. Frustrationstoleranz heißt Geduld. Wie viel Zeit lassen wir unseren Kindern? Dürfen sie in Ruhe ihre Schuhe auf- und zuschnüren oder müssen sie rasch die Klettverschlüsse betätigen? Dürfen sie in Ruhe malen, basteln und handarbeiten oder müssen sie schnelle Spiele am Gameboy spielen? Dürfen sie den Fußmarsch zur Schule auskosten oder müssen sie sich schnell fahren lassen? Dürfen sie an ihren Hausaufgaben selber knobeln oder müssen sie sich von Mama helfen lassen?

Eltern wollen, dass es ihren Kindern gut geht. Das ist auch richtig so. Aber meinem Kind geht es nicht gut, wenn es das Erfolgsgefühl nicht erlebt, das sich einstellt, wenn es ein Problem selber geknackt hat.

Piepsi ist tot

„Stell dir vor", sagt meine Bekannte am Telefon, „Chrissi hat heute früh ihren Wellensittich Piepsi tot im Käfig gefunden. Ganz verheult ist sie zur Schule gegangen. Was meinst du, soll ich ihr schnell einen neuen Vogel kaufen und dann sagen, Piepsi wäre nur ohnmächtig gewesen?"

Ich glaube nicht, dass das eine gute Idee ist. Christina weiß genau, dass Piepsi tot ist, und reagiert wie jeder Mensch beim Tod eines geliebten Wesens mit großer Trauer. Tränen sind da ganz normal. Sie helfen, das Gefühl des schweren Verlustes auszudrücken und zu verarbeiten. Als Mutter hält man es zwar nur schwer aus, sein Kind so leiden zu sehen, aber eine Lüge ist kein guter Weg, es wieder fröhlich zu stimmen. Besser ist es, der Trauer eine Form zu geben.

Die Mutter könnte Christina am Nachmittag helfen, eine geeignete Schachtel zu finden, sie mit Watte auszupolstern und Piepsi hineinzubetten. Sie könnten gemeinsam ein Gebet sprechen, ob das Vaterunser oder ein frei ausgedachtes. Ein kleines Grab im Garten oder in der freien Natur, eine Grabrede über die Freude, die Piepsi allen bereitet hat, und ein paar Blumen auf der Grabstätte machen den Abschied würdevoll. Piepsi war einzigartig, zumindest für Christina. Sie braucht jetzt einfach Zeit, um ihre seelischen Wunden auszuheilen und den Schmerz zu überwinden. Trauerrituale helfen uns dabei.

Wenn Chrissi ihren verstorbenen Vogel ins Nachtgebet einschließt, ein Bild von ihm aufhängt und ab und zu eine Blume auf sein Grab legt, wird sie nach und nach wieder fröhlicher werden. Und dann kommt auch der Zeitpunkt, ab dem sie wieder bereit sein wird für eine Beziehung zu einem Haustier.

„Eigentlich ist es doch schön zu sehen, wie dein Kind an dieser Erfahrung wächst“, sage ich zu meiner Bekannten. Sie reagiert noch zögerlich, aber auch sie wächst an dieser Geschichte, wenn sie Christina ein Stück erwachsener werden lässt.

GPS-Handy

„Ich habe für Timmy ein GPS-Handy gekauft“, erzählt mir Frau K. „Das gab’s ganz preiswert im Internet. Jetzt kann ich wenigstens immer sehen, wo er sich gerade herumtreibt.“

Frau K. ist eine allein erziehende Mutter, die sich und ihren fünfjährigen Timmy auf bewundernswerte Weise durchbringt. Dennoch hat sie ständig ein schlechtes Gewissen, weil sie wegen ihrer Berufstätigkeit nicht so viel Zeit für den Jungen aufbringen und ihn nicht so intensiv betreuen kann, wie sie gerne möchte. Folglich hält sie das GPS-Handy mit Ortungsfunktion für eine tolle Sache. Jederzeit kann sie mit ihrem PC feststellen, wo sich das Handy und somit ihr Sohn gerade befinden. Timmy hat es meistens um den Hals hängen. Nur vier Rufnummern hat sie ihm eingespeichert, die er anrufen kann, aber für sie ist er ständig erreichbar.

Ist das ein Fortschritt? Träumen nicht alle Eltern von einem richtig vertrauensvollen Verhältnis zu ihren Kindern? „Vertrauen ist gut – Kontrolle ist besser“ – dieses Motto ist ja gerade NICHT Ausdruck von Vertrauen. Kinder brauchen Spielräume, in denen sie sich so verhalten können, wie ihre Eltern es von ihnen erwarten, in denen ihnen aber auch der Missbrauch ihrer Freiheiten möglich ist. Die elterlichen Erwartungen beinhalten das Vertrauen: „Du wirst es schon richtig machen.“ Für beide Seiten ist es wunderbar, wenn dieses Vertrauen gerechtfertigt wird. So entwickelt ein Kind das Selbstbild: „Auf mich kann Mama sich verlassen, ich bin zuverlässig.“ Enttäuscht es aber die Erwartungen, sorgt die Auseinandersetzung darüber dafür, dass sich sein Gewissen entwickeln kann. So lernt es Moral.

Das GPS-Handy gibt Timmys Mutter zwar das (trügerische) Gefühl, besser auf den Jungen aufpassen zu können, aber Vertrauen und das Gefühl von Verlässlichkeit können auf diese Weise nicht gedeihen.

Was ist selbstverständlich?

„Es ist einfach unglaublich!“, stöhnt Frau R. „Zigtausend Mal hab' ich Kimi schon gesagt, er soll seine Jacke an die Garderobe hängen, wenn er nach Hause kommt. Das ist doch wohl eine Selbstverständlichkeit! Aber immer wieder liegen seine Sachen im Flur herum.“ Sie ist echt verzweifelt.

Es ist wirklich nicht einfach, Kindern Ordnung und Regeln beizubringen. Manche scheinen von Natur aus ordentlich zu sein, andere dagegen wirken unbelehrbar. Sabrina wiederum vereint offenbar beides in einer Person. Schon im Kindergarten half sie ihrer Erzieherin immer beim Aufräumen der Spielsachen. Auch jetzt in der Grundschule ist sie stets die Erste, die sich zum Aufräumen oder Tafel-Putzen meldet. Aber zu Hause? Ihr Kinderzimmer ist stets ein Schlachtfeld. Im Bettkasten finden sich gelegentlich verschimmelte Apfelreste, und Staubsaugen ist stets ein Kampf gegen herumliegende Kuscheltiere und eine Unzahl sonstiger Spielsachen.

Sabrinas Chaos ist Teil ihrer Beziehungsspielchen mit Mama, der sie es nie gut genug machen kann. Ihre Lehrerin dagegen lobt sie häufig und gibt ihr die Anerkennung, nach der sich jeder Mensch sehnt, ob klein oder groß.

Kimi ist dagegen ganz anders. Er würde schon gerne ordentlicher sein, aber es fällt ihm ungeheuer schwer. Regeln, Regelmäßigkeit, Pünktlichkeit – er kriegt das einfach nicht so auf die Reihe wie andere. Impulsive Kinder wie er schaffen es nur mit intensivem Training, etwa die Schultasche richtig zu packen oder die Hausaufgaben zügig zu erledigen. Das verlangt den Eltern viel Geduld ab, aber auch ganz konsequentes und gleichzeitig liebevolles Einfordern der Regeln.

Vor allem brauchen solche Kinder viel Lob, und zwar gerade dann, wenn sie etwas richtig machen. „Beim Richtigen erwischen" ist das Motto, das ihnen hilft, denn für sie versteht es sich einfach nicht von selbst, was für uns SELBST verständlich ist.

Mütter als Animateure?

„Schlechtwettertage sind ein Horror für mich", verrät mir Frau K., „weil ich Karsten dann natürlich nicht zum Spielen ins Freie lassen kann. Er nervt mich dafür aber ohne Ende, dass ich mit ihm was machen soll, oder wir streiten uns, weil er nichts anderes weiß, als Fernsehen oder DVDs zu gucken."

Viele Mütter kennen das Problem, dass ihre Kinder sie gern als Animateure gegen die Langeweile einsetzen möchten. Und selbstverständlich hat es ja auch eine schöne Seite, vom Kind so gebraucht zu werden. Ist es nicht wunderbar, ihm eine Freude machen zu können, wenn es gerade in besonders trister Stimmung ist oder sich über die Maßen langweilt?

Aber Vorsicht, Mütter! Hört ihr nicht ohnehin immer auf dem *Appell-Ohr*? Ein paar Beispiele gefällig?

„Mama, die Hausaufgaben sind richtig gemein." – „Zeig mal her, ich helf' dir."

„Hast du am Wochenende schon was vor?" – „Na, wo soll ich dich denn hinfahren?"

„Oh Mann, hab' ich Durst!" – „Komm her, ich geb' dir was."

Es mag manchmal in Ordnung sein, das eigene Kind zu verwöhnen, aber ein Dauerzustand sollte es nicht werden. Nur wer selber „tut", kann „tüchtig" werden. Auch bei Langeweile ist die Erfahrung für Kinder ungeheuer wichtig, sie selber überwinden zu können, denn ohne das Vakuum im Kopf können keine Ideen entstehen. Wer seine Probleme nicht selber löst, wird nicht kreativ und entwickelt auch keine Problemlöse-Kompetenz.

Selbst bei schlechtem Wetter können Kinder Spielideen entwickeln, wenn man sie nur lässt. Ein Satz wie „Gell, Langeweile ist doof" macht den Kleinen klar, dass man sie versteht, aber ihnen ihr Problem nicht abzunehmen bereit ist. Sie wachsen nur an selbst gelösten Problemen. Und außerdem gibt es kein schlechtes Wetter, sondern allenfalls die falsche Kleidung. Wer auch bei Regenwetter draußen spielt, stärkt seine Abwehrkräfte.

Kuscheln beim Fernsehen

Im Magazin der Kölnischen Rundschau konnte man es vor Jahren lesen: „Als häufigsten Grund, das Fernsehen mit den Kindern einzuschalten, geben die Mütter ‚kuscheln' an." Sie lassen bereits jedes sechste Kind vor Vollendung des ersten Lebensjahres und drei Viertel aller Zwei- bis Dreijährigen bewusst fernsehen – Hauptgrund „kuscheln"!?

Was ist denn eigentlich das Schöne am Kuscheln? Man spürt sich gegenseitig, die Nähe, die Wärme, den Atem. Hautkontakt ist so lebenswichtig, dass Babys ohne Zärtlichkeit krank werden und sterben können. In einem berühmten Experiment zogen Schimpansenbabys als Ersatzmama ein Fell ohne Trinkflasche einem Drahtgestell mit Trinkflasche vor. Auch Erwachsene fühlen sich ohne Zärtlichkeit nicht wohl, sie ist ein echtes Lebenselixier.

Doch wenn beim Fernsehen gekuschelt wird, ist das Kuscheln die Begleitung für den Bildschirmkonsum. Die Bild- und Tonreize des Gerätes stehen im Vordergrund, die sinnlichen Reize für den Tast-, Geruchs- und Geschmackssinn dürfen das Zuschauen nicht stören. „Sei mal leise, ich versteh' nichts!", heißt es dann, oder: „Achtung, jetzt wird's spannend!"

Die Dominanz der Reize für unsere Fernsinne – Auge und Ohr – über die Nahsinne ist ein Kennzeichen unserer Zeit. Die heutige Medienkindheit sorgt für ein Ungleichgewicht an Anregungen für unseren Sinnesapparat. Damit gerät allerdings auch die Entwicklung des kindlichen Gehirns in ein Ungleichgewicht, denn dieses entwickelt sich aufgrund der Anregungen, die alle Sinnesorgane aufnehmen und an es weiterleiten. Übermäßiger Medieneinfluss ist einer der Gründe für die Zunahme von Lern-, Konzentrations- und Teilleistungsstörungen unserer Schulkinder.

Fernsehen ist purer Luxus. Ab und zu darf man ihn sich und seinen Kindern ruhig gönnen, aber das Kuscheln braucht kein TV-Gerät im Hintergrund. Bei flackerndem Kerzenlicht zum Beispiel ist es viel schöner!

Der tägliche Aufräum-K(r)ampf

„Jeden Tag haben wir das gleiche Theater", erzählt mir Frau K., und ihre Stimme klingt dabei ebenso wütend wie resigniert. „Niklas soll abends seine Spielsachen aufräumen, bevor er ins Bett geht. Aber selbst die neuen Spiele, die er gerade erst zu Weihnachten bekommen hat, bleiben wild im Zimmer verstreut liegen."

Niklas ist fünf Jahre alt. Er leidet selber unter seiner Unordnung. Wenn mal was kaputt geht, weil jemand aus Versehen auf herumliegendes Spielzeug tritt, heult er oder kriegt einen Wutanfall. Seine Mama hat Recht, wenn sie ihn zum Aufräumen erziehen will.

In meiner Kindheit in den 1950er Jahren war das einfacher. Meine Mutter setzte mich vor den Schrank auf den Fußboden. „Hier", sagte sie dann, „legst du alle deine Spielsachen rein. Die zwei Fächer sind nur für dich!" Ja, mein Spielzeug passte in zwei Schrankfächer! Unter Langeweile mussten wir damals deswegen sicher nicht mehr leiden als Kinder heute. Wer wenig hat, entwickelt eher eigene, kreative Ideen – und muss außerdem weniger aufräumen! So konnte ich meine eigene Ordnung entwickeln.

Niklas jedoch ist bei seiner Unordnung einfach überfordert. Er hat so viele Sachen, dass ein Fünfjähriger sie nicht zu überblicken, geschweige denn zu sortieren vermag. Er kann Ordnung nur lernen, wenn jemand mit ihm gemeinsam aufräumt. Das lässt sich als Spiel gestalten, bei dem ganz viel miteinander gesprochen werden sollte: In welche Schachtel kommen die Autos? Welche Kiste ist für die Kuscheltiere? Die Bücher aufs Regalbrett, Lego in die Stapelbox und eine Restekiste für all das, was auf die Schnelle nicht einsortiert werden kann. Zusätzlich helfen Bilder vom Inhalt auf Schachteln, Kisten und Schubladen bei der Orientierung.

Dieses Aufräumspiel braucht seine Zeit und findet als Ritual regelmäßig statt. Erziehen durch konsequentes, gemeinsames Handeln gewöhnt Niklas nach und nach an die gewünschte Haltung.

Mit einem Spiele-Abend zum Schulerfolg

Es ist schon einige Jahre her. Die Halbjahreszeugnisse waren der Anlass für Familie M. gewesen, sich bei mir zur Beratung anzumelden. Töchterchen Kerstin, damals im 5. Schuljahr, hatte den Vermerk „Versetzung gefährdet“ erhalten. Das ließ bei den Eltern die Alarmglocken schrillen.

Kerstin hatte schon heftig zu pubertieren begonnen, wurde von den Eltern als sehr zickig beschrieben und hatte einfach keine Lust, sich für die Schule ins Zeug zu legen. Für sie war „alles doof" und ihre Eltern würden sich gar nicht für sie interessieren.

Die Eltern wiederum waren sehr gekränkt darüber, dass Kerstin sich keine Mühe gab, wo sie doch „alles für das Kind getan" hatten, was gute Eltern nur tun können.

Es war wie so oft in Familien: Die Eltern erleben das Kind als undankbar, und das Kind hat den Eindruck, die Eltern interessierten sich nur dafür, dass es funktioniert, nicht aber für es als Person. Nach ein paar ausführlichen Gesprächen, in denen die gegenseitigen Erwartungen geklärt wurden, verständigten wir uns auf einen Vertrag. Kerstin sowie die Eltern mussten gegenseitige Verpflichtungen eingehen. Die Voraussetzungen waren gut. Frau und Herr M. waren zwar keine gebildeten Leute, aber sie nahmen ihre Elternverantwortung sehr ernst. Kerstin mag ihre Eltern im Grunde sehr, aber sie spürte es im Alltag nicht mehr, weil sich alles nur noch um die Noten drehte.

Eine der vertraglichen Vereinbarungen sah vor, dass die Familie einmal in der Woche abends den Fernseher aus ließ und sich zum Spielen um den Esstisch versammelte. Diese Abmachung erwies sich als der Schlüssel zum Erfolg. Beim Spielen stritt und tröstete man sich, freute sich miteinander, teilte Emotionen. Es wurde geredet; man hatte Zeit, aufeinander einzugehen. Das Zusammengehörigkeitsgefühl wurde enorm gestärkt, und damit wuchs auch Kerstins Motivation wieder, sich für die Schule anzustrengen. Manchmal ist es so einfach …

Das Kind abmelden?

In einer Kindertagesstätte meldet sich in der Diskussion nach meinem Vortrag über aggressives Verhalten bei Kindern erregt eine Mutter zu Wort: „Wenn dieser Silas nicht aus der Gruppe entfernt wird, in der Kevin ist, melde ich mein Kind in einem anderen Kindergarten an!"

In zahlreichen Gesprächen mit Erzieher/innen und Lehrkräften höre ich immer wieder von Eltern wie Kevins Mutter, die massiv auf die Zusammensetzung von Tisch- und Spielgruppen oder gar Klassen Einfluss zu nehmen versuchen. Stets sind sie von der Sorge getrieben, ihr Kind könnte durch den Einfluss von vermeintlich schwierigen Kindern Schaden nehmen. Wer würde diese Sorge nicht verstehen! Aber hilft es den Kindern wirklich, wenn man sie aus den Konfliktsituationen herausnimmt? Schließlich sind Erzieher/innen oder Lehrkräfte anwesend, die sich bemühen, solche Situationen zu steuern und die Kinder bei der selbstständigen Bewältigung ihrer Konflikte zu unterstützen.

Rund die Hälfte aller Kinder wächst als Einzelkinder auf. Die anderen haben meist nur ein Geschwister. Woher sollen sie Sozialverhalten gelernt haben, wenn sie nicht in einer Kinderschar aufwachsen? Kindergarten und Schule müssen heutzutage das an Sozialerziehung nachholen, was in den Familien mangels Kindern nicht stattfinden kann. Kinder lernen nur unter Geschwistern oder in der Ersatz-Geschwisterschar einer Kita oder Schule, wie man sich streitet und wieder verträgt, wie man Rücksicht nimmt oder sich gegen Rücksichtslosigkeit zur Wehr setzt und wie man gemeinschaftlich Projekte auf die Beine stellt. Dieses soziale Lernen kann zwangsläufig nicht ohne Konflikte vonstatten gehen.

Wer seinem Kind solche Konflikte ersparen will, auch wenn es aus Sorge geschieht, verhindert die Entwicklung seiner sozialen Kompetenzen. Stärke entwickelt sich eben nicht durch Schonung, sondern nur durch das Erfahren der eigenen Kräfte.

Torben mag nicht lesen

„Ich kann machen, was ich will: Wenn es ans Lesen-Üben geht, macht Torben einfach nicht mit", erzählt mir Frau D. Diese Verweigerungshaltung belastet sie sehr, denn Torben ist erst im zweiten Schuljahr. Seine Lehrerin hat ihm im Halbjahreszeugnis einen großen Übungsbedarf bescheinigt.

Aber was heißt es denn eigentlich, das Lesen zu üben? Torbens Mutter versteht es so, dass sie mit ihm im Lesebuch immer wieder die Texte übt, die gerade dran sind. Schließlich sind das genau die Texte, die er besser können soll. Aber Hand aufs Herz, liebe Leserin, lieber Leser: Wie würde es Ihnen gefallen, wenn Sie gezwungen würden, immer wieder etwas zu tun, was sie nicht gut können, und dabei auch noch ständig Kritik und Tadel einstecken müssten? Natürlich muss Torben das Lesen üben, aber ohne Freude an der Sache kann das nicht funktionieren.

„Um mit Eifer lesen zu können,
muss ein Kind leidenschaftlich davon überzeugt sein,
dass Lesen können ihm eine Welt wunderbarer Erfahrungen erschließt."
(Bruno Bettelheim)

Zunächst einmal kann Frau D. ihren Torben den praktischen Nutzen des Lesens erfahren lassen: Zettelchen mit Aufträgen im Alltag, die TV-Zeitschrift, Wegweiser bei der Autofahrt, Spielzeugkataloge, Kochrezepte und viele andere Gebrauchstexte fordern das Lesen heraus. Die Freude an Literatur wächst besonders mit dem Vorlesen. Vor allem längere Geschichten und Romane, die in Fortsetzungen dargeboten werden, verführen durch die Neugier über den Fortgang der Handlung zum selbstständigen, oft heimlichen Weiterlesen. Pädagogisch besonders wertvolle „Leseverführer" sind Kinderzeitschriften mit Sachtexten, Geschichten, Witzen und Rätseln, weil sie eine große Vielfalt an attraktiven Beiträgen bieten.

Wenn Torben, derart verlockt, erst einmal gerne liest, wird er auch bereit sein, besondere Leseübungen zu absolvieren – wenn er sie dann noch braucht.

„Mach keinen Blödsinn!"

„Jeden Tag sage ich zu Biggy, sie soll keinen Blödsinn machen. Und trotzdem stellt sie ständig irgendetwas an. Ich verstehe nicht, wie ein Kind so viel Unfug im Hirn haben kann! Und dabei sind wir sicher keine schlimmen Eltern, im Gegenteil, sie hat gar keine Pflichten und es fehlt ihr an nichts." Herr M. schaut mich ratlos an, seine Frau nickt dazu nur.

Biggys neuester „Blödsinn" war, dass sie mit dem Briefkastenschlüssel der Familie versucht hatte, den Briefkasten der Nachbarin zu öffnen. Dabei ist der Schlüssel abgebrochen.

Zum Ärger aller Beteiligten kam also noch der Schaden hinzu, das Briefkastenschloss austauschen lassen zu müssen. Aber warum hatte sie das getan? In ihrem Bemühen, keinen Blödsinn zu machen, wollte die Siebenjährige der Nachbarin eine Freude bereiten und ihr die Post an die Wohnungstür bringen. Ihren Eltern gegenüber wollte sie damit zeigen, wie hilfsbereit sie ist.

Biggys Geschichte zeigt uns zweierlei: Wenn ein Kind richtiges Verhalten lernen soll, muss man ihm Gelegenheiten dazu geben. Dass Biggy keine Pflichten hat, nimmt ihr die Möglichkeit, täglich zu beweisen, was sie alles richtig und gut machen kann. Es ist für ihr Selbstbild wichtig zu erfahren, dass sie gebraucht wird, nützlich ist und gelegentlich ein „Dankeschön" erhält.

Zum Zweiten: Mit „Mach keinen Blödsinn!" wird die Aufmerksamkeit genau auf das gerichtet, was NICHT sein soll. Kinder lernen richtiges Verhalten jedoch leichter, wenn ihre Bezugspersonen sie immer wieder für richtiges Verhalten loben. Das Prinzip „Erwische dein Kind beim Richtigen" ist viel effektiver, als es ständig auf Fehler hinzuweisen. Bei Biggy führte diese Haltung der Eltern zu einem regelrechten Stress, es nur ja recht machen zu wollen. Genau deswegen machte sie „Blödsinn".

Aber wenn Eltern daraus lernen können, hat der Blödsinn doch noch seinen Sinn.

Kinder erfinden die Welt

Die Oma geht mit Enkelchen und kleinem Hund spazieren. Sie setzt sich auf eine Bank und genießt die Sonne. Das vielleicht fünfjährige Mädchen erkundet die Gegend und springt fröhlich herum. Schließlich hüpft es Schritte zählend zurück zur Oma: „… 9, 10, 11, 14, 18, 19“, und diese empfängt es lachend mit „20“ und schließt es in ihre Arme.

Wie viele Erwachsene hätten an ihrer Stelle wohl gleich das falsche Zählen korrigiert!? Diese Oma besaß genügend Weisheit, darauf gar nicht einzugehen. So konnten sich Zählen, Hüpfen, Sonne und die Liebe der Oma zu einem großen Glücksgefühl in dem kleinen Mädchen vereinigen. Es wird auch weiterhin mit Freude zählen und irgendwann merken, dass zwischen „11“ und „14“ noch zwei weitere Zahlen stecken und zwischen „14“ und „18“ sogar drei.

Das menschliche Gehirn ist so angelegt, dass es ständig lernt. Seine Entwicklung beim Kind hängt von den Erfahrungen ab, die dieses mit Hilfe all seiner Sinne beim Entdecken der Welt macht. Kinder begreifen erst dann etwas Abstraktes, wenn das Gehirn durch das Greifen nach Konkretem die entsprechenden Nervenstrukturen ausgebildet hat.

Hätte die Oma das Zählen korrigiert, hätte das kleine Mädchen das also noch gar nicht verstanden. Nachplappern wäre zwar möglich, aber das ist ja noch kein Begreifen. Zusätzlich jedoch wäre die Freude am Zählen verloren gegangen. Das Kind hätte nur empfunden, dass es irgendwie falsch ist, denn es kann noch nicht zwischen „falsch zählen“ und „falsch sein“ unterscheiden. Darum führt ständiges Belehren nicht zu besserem Lernen, sondern eher zu Lernverweigerung und Motivationsverlust.

Jedes Kind erfindet im Laufe seiner Entwicklung die Welt neu, denn niemand kann es ihm abnehmen, sein eigenes Bild von der Welt im eigenen Kopf selbst zu gestalten. Dabei ist Freude das „Vitamin F des Lernens".

Nur ein Bonbonpapierchen

Ein Mann sitzt auf der Bank am Spielplatz und schaut seinem Söhnchen beim Spielen zu. Da läuft der Kleine, er mag vielleicht vier Jahre alt sein, zu ihm hin und fragt nach einem Bonbon. Sein Papa gibt es ihm, der Kleine packt es aus, steckt es in den Mund und gibt das Bonbonpapier zurück. Papa sagt „Danke" und wirft es über die Schulter hinter sich in den Sand.

Es ist selten genug und darum besonders schön, wenn ein Vater mit seinem Kind den Spielplatz besucht. Kinder brauchen nämlich auch ihren Vater als verfügbare Bezugsperson. Aber eigentlich spielt es in diesem Fall gar keine Rolle, ob Vater oder Mutter und um welche Nationalität es sich handelt. Es geht lediglich ums Vorbild. Vorbild sind wir Erwachsenen für Kinder immer, ob wir es wollen oder nicht. Letztlich brauchen wir sie gar nicht zu erziehen, denn sie machen uns sowieso alles nach.

„Na ja", denken Sie jetzt möglicherweise, „es ist doch nicht schlimm, mal ein Bonbonpapierchen wegzuwerfen. Daran geht die Umwelt nicht zugrunde." Richtig – am Bonbonpapierchen hängt das Wohl und Wehe unserer Erde nicht, aber an der unachtsamen Haltung gegenüber der Umwelt, die wir mit dem Wegwerfen zeigen.

Der kleine Junge wird nicht nur das Modell seines Vaters nachahmen und seinen Abfall bald selber einfach zu Boden fallen lassen. Er hatte in dieser Situation auch keine Chance zu lernen, nach einer sinnvolleren Entsorgungsmöglichkeit zu suchen.

Im Normalfall finden wir Erwachsenen es selbstverständlich, den Papierkorb zu benutzen. Für ein Kind, dem man das nicht zeigt, versteht sich das nicht von selbst. Papa hätte einfach fragen können: „Na, wo finden wir denn einen Papierkorb?" Vermutlich hätte der Kleine dann sogar sein Papierchen gerne selbst hineingeworfen, denn in seinem Alter gilt noch das Prinzip „selber will".

Kommunikation trotz Medienzeitalter

Es ist immer ein erfreulicher Anblick, einen Papa mit Kleinkind im Kinderwagen spazieren gehen zu sehen. Aber diesmal gerate ich in Zweifel: Der junge Vater schiebt den Wagen mit Blickrichtung des Babys nach vorne. Weil das Verdeck hochgestellt ist, kann es keinen Blickkontakt zwischen ihm und dem Kind geben. Und dann drückt er sich noch die Stöpsel seines MP3-Players in die Ohren …

Sicher – dieser Papa tut etwas für seine Familie. Er entlastet seine Frau und geht mit dem Kind spazieren. Er bringt es an die gesunde frische Luft und bewegt sich dabei auch noch selber. Ist es dann nicht ganz verdient und recht, wenn er dabei seine Lieblingsmusik hört? Schließlich leben wir im Medienzeitalter, da gehören solche Dinge doch zum Alltag.

Aber so einfach ist es nicht, denn ein Baby ist eben keine Sache, die man gelegentlich durch die Gegend schaukelt, sondern ein Mensch. Es braucht für seine gesunde Entwicklung Beziehung, Bindung, Kommunikation, Zuwendung. Auch wenn das Baby noch nicht sprechen kann, kommuni-ziert es mit seinen Eltern: über Blickkontakt, Laute, Mimik und Gestik. Das Baby im Kinderwagen braucht die Möglichkeit, mit seinem Papa in Kontakt zu treten, ihn anzuschauen und vielleicht ein „dada-da-Zwiegespräch" zu führen. Es möchte ihn sehen und hören, sonst fühlt es sich einsam und ausgesetzt. Es weiß ja nicht, dass der Papa hinter ihm geht und den Wagen schiebt.

Aber Papa sieht nicht, ob das Baby seinen Blick sucht, und er hört es auch nicht gleich, denn er hat die Stöpsel im Ohr. Das ist Bindungsverweigerung – und darüber hinaus nichts weniger als verpasste Frühestförderung!

Allzu oft wenden wir uns vom Kind ab und den Medien zu: Wenn das Handy klingelt, geben wir ihm Vorrang vor der Kinderfrage, und beim Fernsehen möchten wir häufig nicht gestört werden. Stören nicht die Medien viel zu oft unsere Beziehung zum Kind?

Vom Hinfallen und Aufstehen

Man sieht es häufig: Ein kleines Kind, noch nicht ganz sicher auf seinen zwei Beinchen, fällt hin – und sofort eilen Mama oder Papa herbei, um es wieder aufzuheben.

Auch eben wieder kann ich das beobachten, als ein kleiner Junge mit seinem Laufrad umfällt. Eigentlich ist er noch zu klein, denn er sollte erst sicher laufen können, bevor er das Training von Gleichgewicht und Tempo aufnimmt. Aber da liegt er nun, halb unter dem Rädchen begraben, und verhält sich ganz still. Weder weint er noch bemüht er sich, aus seiner misslichen Lage herauszukommen. Er wartet. Es dauert auch nur wenige Augenblicke, bis sein Papa bei ihm ist, ihn aufhebt und auf die Füße stellt.

Wenn man den Umgang mit Kindern bei Naturvölkern beobachtet, stellt man fest, dass sie alle das Laufen lernen, ohne dass jemand es mit ihnen trainiert. Sie robben herum und irgendwann krabbeln sie, wie unsere Babys auch, und schließlich fangen sie an, sich auf ihre Beinchen zu stellen. Natürlich fallen sie häufig hin, anfangs vor allem. Aber mit zunehmender Übung werden sie geschickter und können schließlich laufen. Das Adjektiv „tüchtig“ kommt vom Verb „tun“; wer selber etwas tut, wird tüchtig.

In unserem Kulturkreis hat man die Vorstellung, wir müssten unseren Kindern alles bei-BRINGEN, anstatt sie es sich holen zu lassen. Dadurch nehmen wir ihnen viel zu viel vom eigenem Tun ab, obwohl die Fähigkeit zum selbstständigen Lernen auch in unseren Genen steckt. Kinder können sich fast alles selber beibringen, durch Nachahmen, aber auch durch Versuch und Irrtum. Die vielen Fehler, die sie beim Versuchen anfangs machen, weisen ihnen den Weg, um zunehmend geschickter und tüchtiger zu werden.

Der Papa, der seinen Jungen so rasch auf die Füße stellt, verhindert damit, dass der Kleine seinen eigenen Weg findet.

Ängstlichkeit

Die Mutter fragt mich nach einem Vortrag: „Meine Tochter Carina ist so ängstlich und traut sich auch in der Schule nichts zu. Was soll ich nur tun? Ich mache mir solche Sorgen um ihre Entwicklung. Sie könnte viel mehr leisten und bessere Noten haben."

Auch wenn es seltsam klingen mag: Wir Menschen brauchen die Angst. Sie ist „eine Farbe unseres Lebens" (H. E. Richter) und hilft uns, Gefahren zu erkennen und zu meiden. Deswegen sollten wir nie zu einem Kind sagen: „Du musst doch keine Angst haben!" Es sollte nicht lernen, sie zu verdrängen, sondern sie anzunehmen, ihren Grund zu verstehen und mit ihr umzugehen.

Neben den ganz natürlichen Ängsten „lernen" wir jedoch auch solche Angstreaktionen, die eigentlich überflüssig und manchmal geradezu neurotisch sind. Dazu gehört die Angst vor der Angst, wenn wir uns beispielsweise Sorgen machen, wo objektiv kein Grund zur Sorge vorliegt. Solch ein Mensch scheint auch Carinas Mutter zu sein. Sie ist so ängstlich, das Kind könnte sich suboptimal entwickeln, dass ihr diese Haltung deutlich anzumerken ist. Kinder ahmen uns Erwachsene jedoch nicht nur im Verhalten, sondern auch in unseren Haltungen nach. Daher hat Carina ihre Ängstlichkeit möglicherweise bei ihrer Mutter abgeschaut und von ihr übernommen.

Dass ein Schulkind in manchen Situationen des Alltags ängstlich ist, ist ganz normal und zunächst kein Grund zur Sorge. Eine zuversichtliche Grundhaltung nach dem Muster „Was macht dir Kummer? – Was willst du dagegen tun? – Möchtest du, dass ich dir dabei helfe?" ist die beste Möglichkeit, damit ein Kind lernt, mit seinen Problemen zunehmend selbstständig umzugehen.

Ein problem- und angstfreies Leben gibt es nun mal nicht, aber man kann versuchen, es aktiv zu bewältigen.

Sammelleidenschaft

„Wie kann ich das Louis nur austreiben?", fragt mich seine Mutter. „Jeden Abend sind seine Hosentaschen voll mit Steinchen und allem möglichen dreckigen Kram, den er gefunden hat. Wenn ich das Zeug dann wegwerfe, ist der Krach groß. Er will alles behalten und aufheben."

Louis, sieben Jahre alt, ist eben ein typischer Jäger und Sammler. Seine Leidenschaft ist äußerst sinnvoll. Die Sammelobjekte faszinieren ihn. Er beschäftigt sich eingehend mit ihnen und untersucht ihre Eigenschaften. So entwickelt er Experimentierfreude und Forschergeist. Wenn man ihn lässt, sortiert er seine Sammlungen und erlernt dabei automatisch Ordnungskriterien. Beispielsweise spielt er gerne mit seinen

Steinen und ordnet sie nach Farbe, Form und Größe. Er bildet Mengen und lernt, sie zu strukturieren.

Seine Mutter sollte ihm sein Hobby also nicht austreiben, sondern ihm vielmehr helfen, es zu kultivieren. Sie könnte ihm zeigen, wie er seine Fundsachen säubern und in geeigneten Schachteln und Dosen sortieren und aufräumen kann. Und sie könnte seine Sammelleidenschaft auf Objekte wie Briefmarken lenken, denn deren Sortierkriterien wie Land, Motiv, gestempelt/ungestempelt und Wert sind noch komplexer als bei Steinchen. Sie erfordern mehr Sorgfalt und auch manuelles Geschick beim Ablösen, Trocknen und Einsortieren ins Album. Sie regen weitere Interessen an wie das Sammeln von Informationen über die Herkunftsländer oder über die abgebildeten Motive.

Sammeln bildet – vor allem dann, wenn man seine Sammlung selbst gestalten kann. Fußballerbildchen zu sammeln macht sicher auch Spaß, aber es bietet keine Gestaltungsspielräume. Das Album ist schon fertig; es geht nur noch um Vollständigkeit. Briefmarken, Steine und manche andere Objekte jedoch bieten einen schier unerschöpflichen Spielraum. Diese Kostbarkeit wissen Kinder zu schätzen.

Moni hat geweint

„Ich kann das Kind doch nicht zwingen", meint Frau T. im Beratungsgespräch. „Als ich sagte, dass sie erst ihre Hausaufgaben erledigen müsse, fing Moni an zu weinen. Sie wollte mit ihren Freundinnen draußen spielen. Da habe ich sie dann gehen lassen. Aber abends klappte das mit dem Lernen auch nicht mehr. Wie soll ich das nur machen?"

Frau T. ist wirklich verzweifelt und ratlos. Nicht, dass sie ihre Tochter mit den Hausaufgaben quälen wollte. Aber sie hat mit der Lehrerin vereinbart, dass Moni jeden Tag eine halbe Stunde arbeiten soll. Sie braucht die Übung, da ihre Auffassungsgabe nicht so gut ist wie bei den meisten anderen Kindern. Andererseits tut das Kind ihr leid. Fast immer arten die Hausaufgaben und Übungen in Streit und Stress aus. Wenn etwas nicht auf Anhieb klappt, blockiert Moni ganz schnell und jammert, dass sie das sowieso nie kapiert.

Und nun auch noch die Tränen! Da wurde das Mutterherz weich. Das psychologische Problem muss man allerdings sehr ernst nehmen: Moni „lernt", sich hilflos anzustellen und das Weinen als erfolgreiche Strategie zum Vermeiden der Lernanstrengung einzusetzen. Das bringt die Mutter in den unauflösbaren Konflikt zwischen Verständnis fürs Kind und Einsicht in die schulischen Notwendigkeiten.

Abhilfe bieten hier vor allem zwei Möglichkeiten: Wenn Moni eine Freundin hat, mit der sie zusammen Hausaufgaben machen darf, können sich die Kinder gegenseitig helfen. Das klappt meistens besser als mit Erwachsenen, denn Kinder schwimmen sprachlich eher auf der gleichen Wellenlänge.

Der andere Weg besteht darin, dass Monis Mutter ihre Tochter für die Hausaufgaben mit dem Kind einer anderen Mutter tauscht, die die gleichen Probleme hat. Die Mütter merken dann, dass sie doch sehr gelassen sein können. Die Kinder sind freundlicher zu ihnen und jede Mutter hört das Lob der anderen, was sie für ein tolles Kind habe – eine Entlastung für alle Beteiligten.

Mit Inlinern auf der Straße

Schön, dass wir endlich richtig Frühling haben! Da lockt es natürlich Alt und Jung ins Freie, so auch einen Papa mit seinem Töchterchen. Sie versucht sich in ersten Schritten auf ihren Inlinern und er hält sie dabei an der Hand fest – mitten auf der Fahrbahn.

Nun gut, es handelt sich um ein Wohngebiet und die Straße gehört zur Tempo-30-Zone. Aber es ist keine Spiel-, sondern eine Autostraße, wegen der vielen parkenden Autos zudem sehr unübersichtlich. An das Tempolimit halten sich die wenigsten, häufig nicht einmal die hier lebenden Eltern. Deswegen ist es nicht ungefährlich, sich auf der Fahrbahn aufzuhalten. „Ich bin ja dabei", mag der Papa denken, „da wird schon nichts passieren." Als sich tatsächlich ein Auto nähert – glücklicherweise sehr vorsichtig –, nimmt er die Tochter einfach in den Arm und bleibt mit ihr stehen, mitten auf der Straße. Das Fahrzeug umkurvt die Beiden, und die Laufübungen gehen weiter.

Um es klarzustellen: Ich finde es prima, wenn ein Vater seiner Tochter das Inlineskaten beibringt. Bewegung ist gesund und die wachsende Körperbeherrschung stärkt das Selbstwertgefühl. Aber warum gewöhnt er sein Kind von Anfang an daran, auf der Autostraße zu fahren? Inlineskater gelten als Fußgänger und müssen sich entsprechend verhalten. Sie gehören auf den Bürgersteig oder dort, wo es keinen gibt, an den linken Fahrbahnrand. Wenn das Mädchen flott skaten kann, wird es vielleicht mit seinen Eltern Touren durch den Ort unternehmen – immer mitten auf der Fahrbahn, so wie man es bei vielen Familien beobachten kann. Wenn die Kinder alleine draußen sind, werden sie sich natürlich genauso verhalten und dabei stets in Gefahr sein, angefahren zu werden.

Skaten macht Spaß, aber es gehört in die Spielstraße oder auf geteerte, autofreie Feldwege, damit man den Spaß nicht mit schweren Verletzungen oder gar Schlimmerem bezahlen muss.

Mary hat ein Handicap

„Wenn ich nicht jeden Tag zwei Stunden mit Mary üben würde, könnte sie den Stoff des ersten Schuljahres nicht bewältigen", erklärt mir Frau D. im Beratungsgespräch. „Aber so bleiben wir am Ball. Nur mit der Selbstständigkeit will es nicht so recht vorangehen."

Mary hat ein Handicap. Sie ist stark entwicklungsverzögert und kann auch noch nicht altersgemäß sprechen. Sie war von Geburt an ein Sorgenkind, dessen Mutter sich aufopfernd kümmerte. Sie schützte das Kind auch vor allen Widrigkeiten eines normalen Kinderlebens – und genau das ist das Problem.

Tatsächlich hätte Mary den Schulstoff nie im Leben so gut aufgenommen, wenn ihre Mutter nicht jeden Nachmittag alles mit ihr nacharbeiten würde. Das ist freilich eine große Belastung für das Kind, das viel zu wenig Zeit zum Spielen hat. Doch das Kinderspiel ist wichtig für die geistige Entwicklung, denn die Bewegungsreize und Herausforderungen für alle Sinne sorgen dafür, dass die Wahrnehmungsverarbeitung im Gehirn sich entwickeln kann. Gerade ein gehandicaptes Kind wie Mary braucht Spiel und Bewegung, um seine Entwicklungsdefizite wenigstens teilweise aufholen zu können. Sonst kommt irgendwann der Augenblick, an dem auch die Nachhilfe der Mutter nicht mehr ausreicht, da die Lernvoraussetzungen nicht geschaffen wurden.

Wie jedes Kind kann ein gehandicaptes nur geistig wachsen, wenn es gefordert wird und selber Verantwortung für sein Lernen übernimmt. Mary schafft das derzeit nicht. „Das mach' ich lieber heute Nachmittag mit Mama", sagt sie immer öfter zur Lehrerin, anstatt im Unterricht zu üben. Sogar das Aufräumen ihres Schulranzens oder die Ordnung im Mäppchen ist nicht ihr Problem – Mama wird's schon richten.

Auch wenn es ihr schwerfällt – Frau D. muss lernen loszulassen. Mary braucht eigene Erfahrungen, selbst wenn sie mit Misserfolgen einhergehen. Aus Fehlern lernt man nun mal am besten.

Kinder brauchen Streit

„Es ist furchtbar!“, klagt Frau T. „Ständig hat Tobi Ärger mit Luigi. In der Schule macht der ihm seine Stifte kaputt und schlägt ihn auf dem Schulhof. Wenn die Kinder nachmittags hier auf der Straße spielen, muss ich ständig aufpassen, dass er Tobi in Ruhe lässt.“

Frau T. ist eine engagierte Mutter und kümmert sich intensiv um Tobi. Sie sorgt dafür, dass er seine Hausaufgaben ordentlich erledigt und organisiert eine Menge an Freizeit- und Förderaktivitäten für den Jungen. Und wehe, eine Lehrerin verhält sich ungerecht ihm gegenüber oder ein Mitschüler krümmt ihm ein Haar! Dann ruft sie sofort in der Schule an oder geht am nächsten Morgen dort vorbei.

Wegen Tobis Klassenkameraden Luigi hat Frau T. schon häufig telefoniert und in der Schule vorgesprochen. Am liebsten wäre es ihr, er müsste die Klasse verlassen, aber das lehnt die Schulleitung ab.

Wie war das eigentlich zu unserer Kinderzeit? Ich hätte bei Konflikten gerne ab und zu die Hilfe meiner Mutter genossen, aber ich wollte auch kein Muttersöhnchen sein. Letztlich half es mir mehr, mich selber mit den anderen Kindern auseinandersetzen zu müssen. Ich lernte im Laufe der Jahre, mich in unterschiedlichen Situationen und bei verschiedenen Charakteren angepasst zu verhalten und Ärger zu vermeiden. Manchmal ließ sich eine Klopperei aber nicht vermeiden; so lernte ich zu kämpfen. Weil ich jedoch nicht gerne raufte, lernte ich auch, mich mit Worten zu wehren und argumentativ zu streiten.

Kinder sind untereinander nicht immer nur lieb. Wenn sie sich zanken und streiten, lernen sie dabei wichtige Lektionen: Ohne Streit keine Versöhnung, ohne Konflikte keine Kompromissfähigkeit. Wer seinem Kind die Chance auf Auseinandersetzungen mit anderen nimmt, verhindert die Entwicklung von sozialen Fähigkeiten und Persönlichkeitsstärke.

Zwischen Lust und Vernunft

„Ist es nicht eigentlich seelische Grausamkeit, wenn ich meinem Sohn nach einer bestimmten Zeit den Fernseher ausmache?“ Die Mutter, die mich das in der Diskussion nach meinem Vortrag fragt, bedrückt eine ernsthafte Sorge, denn: „Er will das doch nicht und wehrt sich energisch dagegen.“

Manche Kinder wehren sich tatsächlich SEHR energisch dagegen, wenn Eltern beim Fernsehen oder Computerspielen irgendwann den roten Knopf betätigen. Da kommt es dann schon einmal zu einem heftigen Konflikt, zu Wutausbrüchen, Türenknallen und Tränen.

Dieser Widerstand hat allerdings nichts mit seelischer Grausamkeit zu tun, sondern ist lediglich Ausdruck der Enttäuschung über die Beendigung eines lustvollen Zustands gegen den eigenen Willen. Wenn Eltern den Aus-Knopf drücken, tun sie das schließlich nicht, um ihr Kind zu quälen, sondern um es vor den Folgen seiner Unvernunft zu schützen. Zu viel Bildschirmkonsum schadet: Er beeinträchtigt den Schlaf und die Konzentration in der Schule; er führt nachweislich zu einer schlechteren Deutschnote und begünstigt Übergewicht und Krankheiten.

Dass Kinder solche Zusammenhänge oft nicht einsehen wollen, liegt in der Natur des Kindseins. Sie müssen im Laufe des Heranwachsens erst nach und nach lernen, ihre Vernunft zu entwickeln. Dazu brauchen sie Eltern, die einen vernünftigen Standpunkt vertreten, mit dem sie sich auseinandersetzen können. Solche Reibungen werden in der Pubertät meist heftiger, aber auch wichtiger.

Nur die Auseinandersetzung mit festen elterlichen Positionen ermöglicht es Heranwachsenden, eigene Positionen zu entwickeln und ihre Identität auszubilden. Das schließt natürlich „Verhandlungen“ und gelegentliche Kompromisse nicht aus. Aber Eltern, die den Konflikt mit ihrem Kind regelmäßig scheuen, beeinträchtigen damit seine seelische Reifung. Die soll es ihm schließlich ermöglichen, selber angemessene Entscheidungen zwischen Vernunft und Lust treffen zu können.

Ärger mit dem Lehrer

„Mein Sohn hat einen Englischlehrer, der ihn total ungerecht behandelt“, erklärt mir Frau G. „Soll ich nicht mal in die Schule gehen und ihm die Meinung sagen?“

Frau G. ist eine couragierte Person. Sie nimmt ihren zwölfjährigen Matthias auch nicht bei jedem Vorwurf in Schutz, denn sie weiß, dass er kein Engel ist. Aber sie legt Wert darauf, dass es gerecht in der Welt zugeht. Sie wäre also bereit, den Englischlehrer zur Rede zu stellen. Sie würde das Problem sogar taktisch klug angehen, ihn in sachlichem Ton und ohne Vorwürfe danach zu fragen, wie er das Verhältnis zu Matthias sieht. Sollte er die Situation allerdings beschönigen, würde sie ihn schon mit den Empfindungen ihres Sohnes konfrontieren.

Dennoch rate ich ihr in diesem Fall davon ab. Nicht, weil Matthias anschließend vielleicht unter irgendwelchen Folgen des Gesprächs zu leiden hätte – so etwas kommt zwar vor, ist aber viel seltener, als Eltern glauben. Außerdem wäre Frau G. dann auch in der Lage, sich für ihren Sohn zu wehren; schließlich ist Schule heutzutage kein rechtsfreier Raum mehr.

Aber wichtiger ist folgendes Argument: Wenn Matthias unter seinem Englischlehrer leidet, sollte er selbst mit ihm sprechen! Er kann als Zwölfjähriger lernen, sich mit seinen Bezugspersonen auseinanderzusetzen. Er wird im Leben immer wieder mit Konflikten zu tun haben und muss üben, wie man sie konstruktiv bewältigt. Frau G. kann ihm genau zuhören, wenn er von der Schule erzählt, und immer wieder fragen: „Was möchtest du jetzt tun? Was könntest du sagen?" Sie kann ihm helfen, Argumente zu sammeln und sein Gespräch mit dem Englischlehrer sogar mit ihm durchspielen. Sie kann ihn auch ermutigen, sich beim Klassensprecher, bei der Schülervertretung, beim Vertrauens- oder auch beim Klassenlehrer um Unterstützung zu bemühen.

Jeder selbst bewältigte Konflikt lässt ein Kind in seiner Persönlichkeit wachsen.

Mehr als ein Kind ist zu teuer

Im Bekanntenkreis hat ein junges Paar sein erstes Kind bekommen. Ich überbringe ein kleines Geschenk und gratuliere. „Ist doch immer wieder ein Wunder, so ein Menschenkind", versuche ich ein wenig Small Talk. „Ja, wir sind auch ganz glücklich", sagt der frischgebackene Vater. „Aber mehr als ein Kind werden wir nicht kriegen."

„Weißt du", erklärt mir mein junger Bekannter, „ich verdiene nicht schlecht, aber die wirtschaftliche Lage ist unsicher und für meinen Arbeitsplatz gibt es keine Garantie. Kinder kosten so viel wie ein Haus, bis sie auf eigenen Beinen stehen." Dass Kinder eine Menge Geld kosten, weiß ich aus eigener Erfahrung, aber sind sie nicht ohnehin einfach unbezahlbar?

„Mehr als ein Haus plus ein Kind sind für uns nicht drin", sagen die jungen Eltern. „Schließlich wollen wir auch mal in Urlaub fahren, und die Kinder müssen mit Spielsachen und Kleidung mit den anderen mithalten können, sonst werden sie gemobbt. Das haben wir in der Verwandtschaft erlebt."

Da verzichten Eltern auf weitere Kinder, nicht weil die Befriedigung ihrer Grundbedürfnisse zu teuer wäre, sondern das Mithalten mit den anderen. Warum müssen denn Kinder als Prestigeobjekte mit Markenkleidung und teurem Outfit aus- (oder besser: auf-) gerüstet werden? Ich spreche hier nicht von Familien, die wirklich in Armut leben, sondern von der Mittel- und Oberschicht. Deren Einzelkinder haben materiell mehr, als gut für sie ist. Sie spüren jedoch auch einen riesigen Erwartungsdruck, denn sie müssen die elterlichen Investitionen rechtfertigen.

„Ich muss alles allein aushalten", erklärte mir mal eine Dreizehnjährige ihre Situation als Einzelkind. Kinder brauchen unbedingt Kinder in ihrem persönlichen Umfeld.

Meine jungen Bekannten haben Angst davor, in der Wohlstandskonkurrenz nicht mithalten zu können. Aber Angst ist ein schlechter Ratgeber. Wie sollen Kinder Lebensmut entwickeln, wenn ihre Eltern ihn nicht haben?

Langeweile macht kreativ

Normalerweise geht Frau W. immer auf Kais Wünsche ein und spielt mit ihm, wann immer es geht. Aber jetzt, in den Ferien, schafft sie es einfach nicht, ständig die Animateurin des Siebenjährigen zu spielen. „Jetzt lass mich doch einmal in Ruhe!", blafft sie ihn schließlich an. Erst verdutzt, dann beleidigt zieht er ab.

Natürlich hat Frau W. sofort ein schlechtes Gewissen. Aber Kai konnte gar nichts Besseres passieren, als diesmal so abzublitzen. Wann immer ihm langweilig war, hatte sich seine Mutter mit ihm beschäftigt oder ihm eine Beschäftigung gegeben. Dadurch hatte er nicht lernen können, seine Phantasie einzusetzen und kreativ zu werden. Heute stapft er nun in den Garten hinters Haus und setzt sich erst einmal mit angesäuertem Gesichtsausdruck auf die Terrassenstufen.

Schließlich fällt sein Blick auf seine Ecke im Garten, die ihm sein Vater einmal abgesteckt hatte. Kai marschiert hin und lässt seine Wut am Unkraut aus. Als er eine kleine Fläche frei gejätet hat, gerade groß genug für seinen Kopf, kommt ihm das wie ein Versteck vor. Bäuchlings auf dem Boden liegend kann er heimlich die Welt durch die hohen Halme um ihn herum beobachten und Rachepläne aushecken. Aber schon bald lässt ihn seine Fantasie an Räuber denken. Er richtet sich auf seinem Fleck ein, buddelt mit den Fingern und schließlich einem Steinchen kleine Gräben ins Erdreich, häufelt kleine Wälle auf und spielt mit Stöckchen und Steinen als Figuren Abenteuergeschichten.

Diese für Kinder typische Spielphantasie ist ein wesentlicher Ausdruck von Intelligenz. Der Mensch hat ein kreatives Potenzial, das er aber nur ausschöpfen kann, wenn er durch Phasen der Langeweile hindurchgehen darf, ohne gleich wieder abgelenkt zu werden.

Als Frau W. ihren Kai zum Abendessen ruft, ist er so in sein Spiel vertieft, dass er gar nicht aufhören will. Konnte ihm und seiner Mutter etwas Besseres passieren?

Designerkind

In den Sommermonaten komme auch ich mal wieder dazu, durch die Kaufhäuser in der Innenstadt zu bummeln. Während ich mich in einem Straßencafé ausruhe, nimmt nebenan eine modisch gekleidete junge Frau mit ihrem Töchterchen Platz. Auch sie waren shoppen, wie die prall gefüllten Plastiktüten verraten.

Das Töchterchen mag sechs Jahre alt sein und trägt fast Partnerlook mit seiner Mama: Lackschuhe, Designer-Jeans mit modischen Glitzerapplikationen und ein schickes Top. Sogar eine Sonnenbrille hat die Kleine auf, die sie sich jetzt tatsächlich, genauso wie ihre Mutter, auf die Stirn hochschiebt. Sie wirkt fast wie sechzehn, wenn sie nicht so klein wäre und beim Eisessen eine Zahnlücke offenbarte.

Und dann verrät sich das Kind in ihr, als es sie nach dem Eis zur Wasserpumpe mit der gusseisernen Figurengruppe mitten in der Fußgängerzone zieht, wo andere Kinder spielen und sich lustvoll gegenseitig nass spritzen. „Pass auf, mach dich nicht schmutzig!", ruft die Mutter ihr hinterher.

Warum darf dieses lebenslustige kleine Mädchen nicht einfach Kind sein? Kinder müssen die Welt entdecken – dafür sind Designerklamotten ausgesprochen schlecht geeignet. Kinder müssen springen, toben, klettern, balancieren, Sachen anfassen, matschen – alles tun können, was Kinderherzen glücklich und Waschmaschinen voll macht! Sie sind nicht dazu da, als unser Abbild das Gefühl von Jugendlichkeit zu verlängern, das wir Erwachsenen gerne konservieren wollen. Sie sind auch nicht dazu da, unserer Wunschvorstellung von ihnen zu entsprechen. Sie haben ein Recht auf ihre eigene Identität.

Eine starke Persönlichkeit können Kinder nur entwickeln, wenn sie sie selbst sein und sich – in sozialen Grenzen – abgrenzen dürfen. Eltern, die sich selbst wie Jugendliche geben und ihre Kinder zu kleinen Erwachsenen machen, beeinträchtigen deren gesunde Persönlichkeitsentwicklung.

Frühförderung in Eigenregie

Die beiden Schwestern mögen drei und fünf Jahre alt sein. Ihre Eltern sitzen im Strandcafé und genießen einen Eisbecher, während es die Kleinen auf der Promenade interessanter finden.

Die Ältere hält einen Plastikstrohhalm in der Hand, dessen oberer Abschnitt abgewinkelt ist. Bald findet sie heraus, wie der umgedrehte Strohhalm durch das Gegeneinanderreiben der flachen Hände zu einem Quirl wird. Sie hält das abgewinkelte Ende in eine Pfütze und bringt sie durch Quirlen in Bewegung, was ihr sichtlich Spaß macht. Erst testet sie aus, wie verschiedene Eintauchwinkel die Bewegungen der Wasseroberfläche verändern, dann besorgt sie sich bei ihren Eltern einen zweiten Halm, so dass ihr Quirl nun noch besser funktioniert. Währenddessen scheint die Dreijährige vom Tapsen mit den Füßen in eine andere Pfütze fasziniert zu sein. Mal tritt sie nur am Rand hinein, mal in der Mitte, mal mit der Fußspitze, dann mit der ganzen Sohle. Darüber vergisst sie fast das Eis in ihrer Hand, bis schließlich der Papa hinzukommt und ihr beim Aufessen hilft.

Die beiden Mädchen machen nichts Geringeres als physikalische Experimente. Dazu brauchen sie lediglich sich selbst, eine geeignete Umgebung, den einen oder anderen Alltagsgegenstand und Eltern, die sie lassen können. Wer das Spritzverhalten von Wasser durch das Stapfen in Pfützen untersucht, lernt eine Menge daraus. Ob Tapsen oder Quirlen – beides verlangt motorische Geschicklichkeit. Es trainiert die Auge-Hand- bzw. Auge-Fuß-Koordination. Es erfordert Beobachten, Schlussfolgern und Verändern der Untersuchungsbedingungen. Es ist spannend und stärkt damit die sachbezogene Neugier. Es vermittelt eigene Erfahrungen auf mehreren sinnlichen Ebenen und löst Erfolgsgefühle aus, was wiederum die Lernmotivation fördert.

Freies Spiel im Freien ist die beste Frühförderung, die Eltern ihren Kindern bieten können!

Lohnt sich längere Elternzeit?

Britische Wissenschaftler haben herausgefunden, eine längere Elternzeit lohne sich nicht. Ob die Eltern nach der Geburt länger zu Hause bleiben oder nicht, habe fast keinen Einfluss auf die Schulkarriere und das spätere Einkommen der Kinder.

Da werden sich zahlreiche Mütter und Väter fragen, ob es sich angesichts dieses Befundes rechnet, so lange aus dem Beruf auszusteigen, wie es das Gesetz ermöglicht. Schließlich bedeutet das trotz aller staatlichen Hilfen immer noch eine finanzielle Einbuße. Wenn dann auch noch die Chancen des Nachwuchses auf Abitur und höheres Einkommen nicht wachsen …

Was für ein Bild vom Menschen, was für ein Wissen von kindlichen Grundbedürfnissen mögen diese britischen Wirtschaftswissenschaftler nur haben? Kann es denn für Elternzeit nur den einen Grund geben, die Chancen seines Kindes auf materiellen Erfolg im späteren Leben zu erhöhen? Soll Familienpolitik in erster Linie dazu dienen, die Produktivität der modernen Industriegesellschaft zu optimieren?

Wenn eine Mutter sich in den ersten drei Lebensjahren ihrem Kind intensiv zuwenden kann, dient das vor allem der Ausprägung einer guten Mutter-Kind-Bindung. Diese sorgt für seelische Ausgeglichenheit bei beiden, schafft die Voraussetzungen für eine gute körperliche und emotionale Entwicklung des Kindes und sorgt über hormonell gesteuerte Prozesse für eine größere Zufriedenheit der Mutter. Kann zeitweise auch der Vater in die Elternzeit einbezogen werden, stärkt dies das ganze Familiensystem.

Um die Chancen auf Schulerfolg und ein gutes Einkommen zu erhöhen, wäre es sicherlich sinnvoller, eine Verbesserung im Schulwesen anzustreben, als eine Verlängerung der Elternzeit. Aber ihr positiver Einfluss auf das körperliche und seelische Gedeihen des Kindes erhöht die Chancen auf Lebensglück und Zufriedenheit – ein hoher Wert in einer humanen Gesellschaft!

Ergotherapie am Strand

„Aua! Oh, ey" und ähnliche Laute stößt der Junge aus, der ein paar Meter von meiner Strandmuschel entfernt liegt. Aber schon der erste Blick zeigt mir, dass ihm nichts Schlimmes widerfährt. Sein Papa gräbt ihm nur, offenbar auf seinen eigenen Wunsch hin, das rechte Bein dick mit Strandsand ein.

Mehr und mehr verschwindet das Bein des vielleicht zehnjährigen Jungen unter einer dicken Sandschicht, die der Papa nach jeder neuen Ladung sorgsam mit einer Spielzeugschaufel glatt streicht und festklopft. Die Schmerzenslaute gehören offenbar zum Spiel und drücken keinesfalls echte Pein aus, sondern eher einen Gefühlszustand zwischen Lust und Furcht vor der Ohnmacht des lebendig Begrabenen. Allmählich verschwinden so beide Beine im „Sandgrab“.

Dieses Spiel erinnert mich an eine Behandlungsmethode von Rega Schaefgen, eine der führenden deutschen Ergotherapeutinnen. Sie animiert hyperaktive Kinder, sich in Zeitungspapier einwickeln zu lassen, so wie eine Schmetterlingsraupe sich verpuppt. Die Kinder können von innen heraus bestimmen, wie dicht sie eingepackt werden wollen. Schließlich sollen sie versuchen, sich aus der Puppe herauszuarbeiten. Obwohl Zeitungspapier dünn ist und leicht reißt, bietet es doch – in mehreren Lagen um den Körper gewickelt – erheblichen Widerstand. Gleichzeitig ist es im Innern der Puppe ziemlich dunkel und dadurch unheimlich.

Das Einbuddel-Spiel am Strand funktioniert ganz ähnlich: Es bietet Tast- und Temperaturreize für die Hautwahrnehmung. Der mechanische Widerstand der festen Sandschicht erzeugt das unheimliche Gefühl des Eingeschlossen-Seins und regt die körpereigene Muskelkraft zu dosiertem Aufwand an. Am Ende des Spiels steht die große Befreiungsaktion, die immer mit einem euphorischen Glücksgefühl einhergeht: Ich hab's geschafft, ich bin wieder frei!

Eine natürliche Spielumgebung ist eben einfach der beste Ergotherapeut.

Abi 2030?

„Wir kriegen doch demnächst unser Kind", sagt mein Bekannter. „Da will ich meine Frau mit was Lustigem überraschen. Im Internet habe ich Baby-T-Shirts gesehen mit dem Aufdruck ‚Abi 2030'. Aber jetzt werden die Kleinen ja oft schon mit fünf Jahren eingeschult, wäre da ‚Abi 2029'. nicht realistischer?"

Rainer, mein Bekannter, ist wirklich ein netter Kerl, liebevoller Ehemann und sicher demnächst auch ein verantwortungsbewusster und Windeln wechselnder Papa. Er freut sich riesig mit seiner Frau über den zu erwartenden Nachwuchs – Julian soll der Kleine heißen.

Rainer ist ein enorm fleißiger Aufsteiger über den zweiten Bildungsweg und arbeitet auf der unteren Management-Ebene eines großen Autoherstellers. Er leidet darunter, kein „richtiger" Akademiker zu sein, wie die meisten seiner Kollegen. Dieses Schicksal soll Julian erspart bleiben. Rainer will von Anfang an dafür sorgen, dass sein Sohn den direkten Weg nimmt und einen höheren sozialen Status erreicht als er selbst. Der Karriereplan ist perfekt.

Ich frage mich jedoch, was Julian später dazu sagen wird. Vielleicht wird er auf dem geplanten Weg überhaupt nicht glücklich, sondern hat ganz andere Interessen, möchte Handwerker oder Künstler werden? Vielleicht wird er es nicht aushalten, ständig daraufhin überprüft zu werden, ob er auf dem geplanten Weg „im Soll" liegt? Vielleicht wird er Lernstörungen entwickeln, weil er nicht lernen darf, wie es ein kindliches Bedürfnis ist, sondern lernen muss, wie es der Plan vorsieht? Und ich frage mich, ob Menschen wie Rainer vergessen haben, dass neues Leben ein Geschenk ist, das wir mit Demut und Dankbarkeit annehmen, aber nicht verplanen sollten.

Wenn wir unsere Kinder aufmerksam begleiten, ihnen die emotionale Sicherheit eines liebevollen Familienlebens geben und WERT-volle moralische Standpunkte vertreten, tun wir alles, damit sie sich optimal entfalten können.

Mandalas ausmalen

„Ich habe meinem Kind Mandala-Malbücher gekauft, um seine Konzentration zu verbessern", erzählt eine Mutter bei meinem Vortrag über Konzentrationsförderung für Schulkinder. „Aber obwohl Lea gerne malt, hat sie auf die Mandalas keine rechte Lust. Sind Mandalas doch nicht sinnvoll?"

Oh ja, Mandalas sind sinnvoll. Sonst gäbe es sie nicht bereits seit Jahrtausenden in zahlreichen Kulturen und Religionen auf der ganzen Welt. Ob kreisförmige mittelalterliche Kirchenfenster im Christentum oder buddhistische Symbole – sie alle wirken durch ihre kreisförmige Symmetrie harmonisch und vollkommen.

Seit vielleicht 20 Jahren ist es modern geworden, Mandalas auszumalen. Dieser Trend kam mit dem Aufblühen der Esoterik zu uns. Aber wer denkt schon an Esoterik, wenn Erstklässler Mandalas mit Buchstaben, Zahlen oder Sonne, Mond und Sternen ausmalen? Da geht es um Förderung, vor allem von Konzentration und Entspannung, letztlich also um größeren Schulerfolg. Diese Zweckorientierung jedoch ist dem Sinn der Mandalas völlig fremd.

Vermutlich ist es genau das, was Leas Abneigung gegen das Mandala-Malen verursacht. Sie soll sie ausmalen, weil ihre Mutter die Konzentration des Mädchens bemängelt. Das Kind fühlt, dass ihre Mutter mit ihr unzufrieden und dass die Harmonie in der Mutter-Kind-Beziehung gestört ist. Mandalas helfen durch das Anschauen, Betrachten, Sich-Hineinversenken und auch durch Ausmalen, ruhiger zu werden, zu sich selbst und zu einem harmonischen Zustand zu gelangen. Doch diese Konzentration von außen nach innen, vom Kreisrahmen hinein ins Zentrum (deshalb werden Mandalas von außen nach innen ausgemalt), kann niemand erzwingen.

Ich bin sicher: Würde Leas Mutter Mandalas ausmalen, ginge es ihr besser. Somit würde auch Lea ruhiger und konzentrierter werden und die Beziehung zwischen Mutter und Kind könnte sich entspannen.

Hat ein Müller mit Müll zu tun?

Einige Märchen kannten die Erstklässler noch aus dem Kindergarten, als ihre Lehrerin sie danach fragte. Jetzt wollten sie gerne „Rumpelstilzchen" hören. „Es war einmal ein Müller", begann die Lehrerin vorzulesen, um sogleich zu fragen: „Wisst ihr denn, was ein Müller ist?" Karsten meinte: „Das ist bestimmt der mit dem Müllauto, der unsere Mülltonne leer macht."

Vielleicht hätten Sie nun erwartet, liebe Leserin, lieber Leser, dass die Klasse in schallendes Gelächter ausbricht. Aber dem war nicht so. Einige nickten, und die anderen schauten erwartungsvoll zur Lehrerin, ob sie ihrem Klassenkameraden denn wohl Recht geben würde. Als sie den Kindern erklärte, dass ein Müller in seiner Mühle Getreide zu Mehl mahlt, schauten sie ungläubig. Ihnen war nur das Verb „malen" geläufig, und so verstanden sie zunächst den Zusammenhang nicht.

Erzieher/innen und Grundschullehrkräfte merken seit Jahren immer deutlicher, dass Kinder von heute viele vermeintlich klare Sachverhalte nicht mehr kennen. Woher auch? Mehl kommt aus der Tüte, und das wissen schon nur noch diejenigen, bei denen zu Hause selber gebacken wird. Wir leben in einer Welt der fertigen Produkte, in der die Prozesse zu ihrer Herstellung im Verborgenen ablaufen. Da nützen auch erfolgreiche TV-Formate für Kinder nicht viel, selbst wenn sie mit anschaulichen Filmen zeigen, welchen Weg die Milch von der Kuh bis auf den Frühstückstisch zurücklegt.

Kinder wissen heutzutage zwar viel mehr als frühere Kindergenerationen, aber sie begreifen weniger von der Welt. Zum Begreifen gehören nämlich das Greifen, das Anfassen, die eigenen sinnlichen Erfahrungen. Wer den Kaffee mal von Hand mit der Kaffeemühle mahlen durfte, der erst weiß wirklich, was „mahlen" bedeutet. Der kennt eine kleine Mühle und versteht darum auch das Prinzip der großen.

Und nur demjenigen erscheint die Wortverwandtschaft von Müller und Mühle MERK-würdig.

Perfektionismus

„Wie kann ich meiner Tochter helfen?“, fragt mich eine Mutter nach meinem Vortrag über Konzentrationsförderung. „Sie ist vor allem in Prüfungssituationen viel zu langsam, weil sie alles immer ganz perfekt machen will.“ „Wie alt ist denn die Kleine?“, frage ich zurück. „17, Klassenstufe elf am Gymnasium.“

Unwillkürlich fühlte ich mich an die Mutter eines früheren Klienten erinnert, die mir Jahre nach einer Beratung auf der Straße wiederbegegnete und mit den Worten grüßte: „Wir lernen gerade fürs Abitur.“

Einerseits ist es ja wunderbar, wenn sich Eltern über die gesamten Jahre hinweg für das Wohl und Wehe ihres Kindes in der Schule interessieren. Andererseits jedoch darf dieses Interesse die Selbstständigkeitsentwicklung nicht beeinträchtigen. Kinder lernen in der Schule zum ersten Mal im Leben allgemein verbindliche Maßstäbe für Leistungen kennen. Was schnell ist und was langsam, gut oder schlecht, das erfahren sie im Laufe der Jahre durch die Rückmeldungen ihrer Lehrerinnen und Lehrer. Diese kennen die Bandbreite des Leistungsspektrums einer Jahrgangsstufe am besten.

Eltern, die sich von Anfang an bewertend (!) bei Hausaufgaben und Lernen einschalten, verwirren das Kind bei der Entwicklung seines eigenen Leistungsmaßstabes. Eine Schülerin, die es am Gymnasium erfolgreich bis in die 11. Klasse geschafft hat, sollte so selbstständig sein, dass sie eine gute Balance zwischen Tempo und Korrektheit bei der Bewältigung ihrer Aufgaben gefunden hat.

Ich frage die Mutter: „Leidet ihre Tochter denn unter ihrem Perfektionismus? Möchte sie daran etwas verändern?“ Ehrlich antwortet sie: „Nein, eigentlich nicht.“ Ich lächele sie ermutigend an. Einen Augenblick später lächelt sie verstehend zurück, bedankt sich und geht.

Es ist nicht immer einfach, sein Kind allmählich loszulassen, aber das verhilft ihm zu wachsendem Selbstvertrauen.

Große Kinder – große Sorgen

Ricky hat seit fast einem Jahr den Führerschein und darf öfters den smarten Kleinwagen seiner Mutter benutzen. Nun ist er in einer 30er-Zone vor einem Kindergarten mit Tempo 62 in die Radarfalle geraten. „Ich habe von meinem Zeugnisverweigerungsrecht Gebrauch gemacht“, erzählt mir seine Mutter. „So viel Bußgeld wollte ich nicht bezahlen.“

Das kann sich sicher jeder vorstellen, dass dieser Brief vom Ordnungsamt einen kleinen Schock in der Familie auslöste. Bußgeld plus Gebühren, Punkte in Flensburg, Aufbauseminar und zudem eine Verlängerung der Probezeit – ist das nicht zu viel wegen solch einer kleinen Dummheit? Und es ist ja nicht mal was passiert!

Ist nicht genau das die Sorge vieler Eltern? Dass etwas passieren könnte, wenn der noch unerfahrene Nachwuchs mit dem Auto unterwegs ist? Schließlich passieren den Fahranfängern viel häufiger Unfälle als den Erfahrenen! Und hätten Eltern nicht gerade dann einen Grund zum Jubeln über einen Dämpfer für den leichtsinnigen Jungen oder die Tochter, wenn nichts weiter passiert ist? Bußgeld und Gebühren plus die ganzen Unannehmlichkeiten für den rasanten Fahrer – das wäre doch gut investiertes Lehrgeld! Und wenn das Geld nicht auf einmal bezahlt werden kann, können Eltern ja mit einem Kredit aushelfen. Die Ratenzahlungen erinnern dann über Monate hinweg an die eigene Unvernunft. „Erfahrung ist der beste Lehrmeister", weiß der Volksmund.

Doch Ricky darf diesmal leider keine Erfahrung sammeln. Seine Eltern regeln die Angelegenheit und verhindern ein Verfahren. Wahrscheinlich wird es aufgrund von Personalmangel in der Verwaltung eingestellt werden.

Hat Ricky damit Glück gehabt? Das muss sich erst zeigen. Wie vernünftig wird er künftig Auto fahren? Die Chance, etwas dazuzulernen, ist erst einmal vertan. Ich möchte nicht in der Haut seiner Mutter stecken, wenn er demnächst in der Nacht zu einer Disco-Tour unterwegs ist …

Der zerbrochene Spiegel

Die elfjährige Linda lebt bei ihrer Mutter. Alle paar Wochen jedoch darf sie den Papa besuchen, der mit seiner neuen Frau Andrea in der Nachbarstadt lebt. Beim Abendessen fragt Andrea in die Runde, ob jemand ihren Kosmetikspiegel gesehen habe, den sie vermisst. Da wird Linda plötzlich knallrot und fängt an zu weinen.

Da niemand ein böses Wort sagt und Andrea das Mädchen einfach in die Arme nimmt, traut sich Linda schließlich zu-

zugeben, dass ihr der Spiegel bei nachmittäglichen Schminkversuchen heruntergefallen war. Die Scherben hatte sie in ein Handtuch gewickelt und in ihrem Koffer versteckt. „So was kann jedem mal passieren", beruhigt Andrea das Kind. Auch ihr Papa redet Linda gut zu. „Aber du weißt doch, wie streng Mama immer ist", schluchzt das Mädchen.

Ja – eine konsequente Erziehung ist für Kinder wichtig, damit sie Orientierung über richtig und falsch, gut und böse bekommen. Dazu gehören auch Konsequenzen und Wiedergutmachung für begangenes Unrecht. Das hilft Kindern bei der Ausbildung ihres Gewissens. Unser Gewissen entscheidet letztlich darüber, wie gemeinschaftsfähig wir sind. Aber die erzieherische Konsequenz muss mit Offenheit gepaart sein. Kinder sollten erleben, dass sie über alles reden können und ihre kleinen Missgeschicke keine Verbrechen sind. Sonst entwickeln sie unangemessene Ängste vor unangemessenen Folgen.

Bei Linda kommt hinzu, dass Sie die Sorge hat, ihren Papa vielleicht nicht mehr besuchen zu dürfen, wenn sie „etwas anstellt". So ist das Verstecken der Spiegelscherben reine NOT-Wehr, denn das Kind ist in höchster Not. Linda steht zwischen ihren Eltern, die in verschiedenen Städten leben und unterschiedliche Verhaltensnormen praktizieren.

Da hilft nur eins: miteinander reden! So wird es eine lange Sitzung am Esstisch. Übrigens: Beim nächsten Besuch bringt Linda einen neuen Kosmetikspiegel für Andrea mit …

Starke Kinder sagen Nein – auch zum Weihnachtsmann

„Aber du musst doch keine Angst haben“, beruhigt der Werbe-Weihnachtsmann im Supermarkt die Kleine. „Ich will dir doch nur was schenken“, versucht er sie dazu zu verlocken, sich mit ihm fotografieren zu lassen. Ihre Eltern haben deswegen schon 10 Minuten mit ihr in der Schlange gewartet.

Solche Szenen spielen sich in der Adventszeit tausendfach in Kaufhäusern und Fußgängerzonen ab. Die meisten Kinder wollen gerne etwas geschenkt bekommen und mit dem jahreszeitlich passend verkleideten Mann auf ein Foto kommen. Aber manche wehren sich und haben Angst vor dem Fremden, dessen Gesicht von einem wallenden Bart verdeckt wird. „Du musst doch keine Angst haben“, heißt es dann von allen Seiten, auch von Mama und Papa. Aber das Kind hat Angst. Und sie steigt noch, wenn es gegen seine Angst gezwungen wird, etwas zu tun, womit es sich gar nicht wohl fühlt.

Ist es nicht verrückt? Landauf, landab werden Präventionsprogramme unter dem Motto „Starke Kinder sagen Nein“ veranstaltet. In Kindergärten und Schulen tun pädagogische Fachkräfte alles erdenklich Mögliche, um Kinder vor den Gefahren des Missbrauchs zu schützen. Die meisten Täter kommen aus dem persönlichen Umfeld der Kinder und sind ihnen persönlich bekannt, oft nahestehende Menschen. Darum ist der entscheidende Schutzfaktor für Kinder ihr Gefühl, dass etwas nicht stimmt. Sie müssen auch Nein sagen dürfen, wenn die selten zu Besuch kommende Tante oder der Opa ihnen einen liebevoll gemeinten Schmatz auf die Backe drücken wollen.

Aber wenn ein Foto mit dem Weihnachtsmann gemacht werden soll, soll das nicht gelten? Wie viele Fotos, auf denen ein verängstigtes Kind weint, werden noch jahrzehntelang immer wieder mit dem Kommentar gezeigt: „Guck mal, wie du dich damals angestellt hast." Wenn es auch noch so ein „süßes" Foto mit dem Weihnachtsmann werden würde – hier beginnt der Missbrauch, und Kinder haben ein Recht auf ihr Nein!

Ein guter Vorsatz

Frau R. hat Tränen in den Augen, als sie mir vom Silvesterabend erzählt: „Ich fragte Yannick, ob er sich auch etwas Gutes fürs neue Jahr vorgenommen hätte. Wissen Sie, was er antwortete? ‚Ich nehme mir vor, dass du nicht mehr mit mir schimpfen musst.' Da fiel es mir wie Schuppen von den Augen."

Wen hätte eine solche Antwort nicht zu Tränen gerührt? Yannick ist sieben Jahre alt. Seine Mutter fühlt sich häufig überfordert und gestresst. Daher kommt es, dass sie oft ungeduldig ist, schimpft und gelegentlich schreit, weil der Junge einfach nicht so „funktioniert", wie es ihr lieb wäre. Dabei ist Yannick ein ganz normales Kind, lebhaft und aufgeweckt, neugierig, fantasievoll. In der Schule klappt es nicht ganz reibungslos, weil er sich noch nicht recht an die verlangte Arbeitsdisziplin gewöhnen konnte. Aber er ist auf dem richtigen Weg und entwickelt sich.

„Ich nehme mir vor, dass du nicht mehr schimpfen musst" – ein solcher Vorsatz ist nach Erwachsenenlogik gar nicht möglich. Ich kann mir ja nur das vornehmen, was ich auch selber umsetzen kann. Aber Yannick drückt mit seiner Formulierung aus, dass er sich selbst die Schuld dafür gibt, dass seine Mutter häufig mit ihm schimpft. Sie hingegen weiß, dass es ihre Ungeduld ist, ihre Unzufriedenheit mit den derzeitigen Lebensumständen, ihr allgemeiner Frust, der sie immer wieder aus der Haut fahren lässt. Das hat ihr schon oft ein schlechtes Gewissen bereitet, denn natürlich will sie Yannick nicht absichtlich leiden lassen. Bislang hatte sie jedoch noch keinen Dreh gefunden, um ihr Verhalten dem Kind gegenüber zu verändern.

Jetzt hat ihr Sohn ihr mit seinem Vorsatz einen kräftigen Motivationsschub verpasst. Noch in der Neujahrsnacht setzte sich Frau R. an den PC und suchte im Internet beim Deutschen Kinderschutzbund nach Anmeldemöglichkeiten für einen Kurs „Starke Eltern – starke Kinder".

Draußen in der Kälte

„Wollen Sie die Kinder nicht reinlassen?", fragt der Vater eine Lehrerin, die kurz nach halb acht das Schulhaus betreten will. „Es ist doch kalt." - „Die Kinder dürfen erst zum Unterrichtsbeginn ins Gebäude", antwortet die Lehrerin. „Sie haben es ja auch schön warm drinnen", entgegnet der Vater wütend, „da können die Kinder ruhig draußen frieren!"

Ich kann die Wut dieses Vaters zunächst nachvollziehen. Er hatte gerade seinen Sohn mit dem Auto zur Grundschule gebracht und ihn noch zu Fuß vom Parkplatz bis auf den Schulhof begleitet. Da kommt es einem besonders kalt vor, wenn es im Auto warm ist und der Kreislauf wegen des Sitzens nicht in Schwung kommt. Der Vater hatte aber nicht registriert, dass die Lehrerin eben zu Fuß zur Schule gegangen war und sich genau der Kälte ausgesetzt hatte, die er beklagte. Er hatte auch nicht wahrgenommen, dass eine andere Kollegin die übliche Hofaufsicht vor Unterrichtsbeginn ausübte.

In unseren Breiten ist es normalerweise für Kinder im Winter nicht zu kalt, um zu Fuß zur Schule zu gehen und die Wartezeit vor Unterrichtsbeginn mit Nachlauf- oder anderen Bewegungsspielen zu überbrücken. Zudem gibt es warme Kleidung. Der Kältereiz ist nützlich; er kann unser Immunsystem stärken, aber nur, wenn wir uns ihm auch aussetzen. Unser Organismus ist in der Lage, auf wechselnde Temperaturen zu reagieren, wenn er Gelegenheit hatte, das zu trainieren. Am besten beugt man Erkältungen mit viel frischer Luft und Bewegung bei jedem Wetter vor. Außerdem fördert die Bewegung an der frischen Luft vor Unterrichtsbeginn die Leistungsfähigkeit des Gehirns und die Konzentration im Unterricht. Wer zu Fuß zur Schule geht, kann anschließend besser aufpassen.

Unser Vater sollte also, anstatt zu schimpfen, lieber dafür sorgen, dass sein Sohnemann künftig zu Fuß zur Schule geht. Er kann ihn ja begleiten, das täte beiden gut.

„Ich hab' doch alles"

Bei einem Eltern-Workshop zum Thema „Motivationsförderung für Schulkinder" erzählte eine Teilnehmerin, dass sie ihre Nichte gefragt hätte, was sie sich denn zum neunten Geburtstag wünsche. „Ach, was soll ich mir wünschen", hätte die kleine Anke entgegnet, „ich hab' doch alles." Dabei hätte sie ratlos in ihrem mit Spielsachen vollgestopften Kinderzimmer herumgeschaut.

Manchen Kindern geht es richtig gut. Sie leben in gesicherten materiellen Verhältnissen und haben außer ihren Eltern noch etliche nahe Verwandte, die sie zu Fest- und Geburtstagen reich beschenken. Anke gehört zu dieser Gruppe. Aber ihrer Tante fiel auf, dass das Kind dabei gar nicht glücklich oder zufrieden wirkte, sondern ratlos. Ist das Mädchen vielleicht undankbar, wo doch so viele arme Kinder glücklich wären, ein solches Leben führen zu können?

Nein, Anke ist sicher nicht undankbar, sondern in ihrem Reichtum sehr arm. Sie besitzt bereits alles, was Kinderherzen begehren – sie ist wunschlos unglücklich. Wer keinen Wunsch hat, verfolgt auch kein Ziel. Wünsche sind, und das ist ein wesentlicher Grundgedanke von Motivation, die Vorboten neuer Fähigkeiten. Wer etwas erreichen will, ob an Besitztum oder Können, kann davon träumen und sich dafür engagieren. Strebsam wird, wer etwas anzustreben hat. Wie groß ist das Glücksgefühl, sich beispielsweise ein Fahrrad über zwei Jahre hinweg durch zielstrebiges Sparen erworben zu haben! Das Gefühl, alles zu haben, erstickt hingegen Wünsche, Träume, Interessen und Aktivität, es lähmt die Initiative und Kreativität, die Lebensfreude und Lebendigkeit. Es verhindert nebenbei auch die Entwicklung von Geduld, Ausdauer und Frustrationstoleranz.

Ankes Tante hatte diese Zusammenhänge erkannt und dem Mädchen daraufhin die Teilnahme an einer Kinderführung im Kunstmuseum mit Workshop zum Nachgestalten gesehener Bilder geschenkt. Es war ein voller Erfolg!

Kriegsbilder

Überall sind die Bilder vom Krieg präsent, im Fernsehen genauso wie auf den Titelseiten der Zeitungen und Illustrierten. „Rebecca hat mich zwar noch nicht danach gefragt, aber was soll ich ihr nur sagen, wenn sie es mal tut?", sprach mich kürzlich eine Bekannte an.

Ob Gaza, Irak, Afghanistan oder anderswo, Kriege sind dank unserer Medien allgegenwärtig. Wir haben uns schon daran gewöhnt und sprechen lieber von „militärischen Konflikten". Das klingt harmloser. Aber militärische Konflikte bedeuten Harm, bringen Schrecken, Not und Elend in unvorstellbarem Ausmaß. Unsere Kinder sind noch nicht daran gewöhnt und verdrängen die Kriegsbilder nicht. Wie wollen wir ihnen erklären, dass Erwachsene solche blutigen Grausamkeiten begehen? Aber wir können ihren Fragen nicht ausweichen: „Warum ist da Krieg? Warum machen die das? Gibt es auch bei uns Krieg?"

Wer von uns hätte die perfekten Antworten darauf? Wir verstehen die Zusammenhänge oft selber nicht genau, und wenn doch, würde das immer noch nicht erklären, warum

Menschen einander töten, ja – ganze Völkerschaften ausrotten können.

Wir sollten unseren Kindern gegenüber ehrlich sein und sagen, dass auch wir den Krieg nicht wirklich verstehen. Wir sollten sie trösten und damit beruhigen, dass es bei uns schon 64 Jahre lang keinen Krieg mehr gab; das ist länger, als viele Großeltern alt sind. Und natürlich sollten wir ihnen sagen, dass wir sie beschützen würden.

Aber sagen Sie Ihrem Kind bitte nicht, es solle keine Angst haben. Es hat Angst, auch wenn Sie es noch so gut beruhigen. Lassen Sie es seine Angst lieber ausdrücken. Fragen Sie zurück: „Machst du dir Sorgen?“ Lassen Sie ihr Kind seine Sorgen beim Malen oder Puppenspiel gestalten. Und lassen Sie es dabei sein, wenn Sie eine Spendenüberweisung für humanitäre Hilfe ausfüllen, damit es beteiligt ist, wenn wir versuchen, die Grausamkeiten in der Welt ein wenig zu lindern.

Marc traut sich nichts zu

„Komm, Marc“, sagt die Lehrerin, „wir setzen uns mal an den PC und machen ein Lesespiel.“ „Nein, das kann ich nicht“, ruft der Zweitklässler. Er wirkt fast panisch. „Außerdem habe ich doch eine Brille, deswegen kann ich am PC nichts sehen“, versucht er seine Lehrerin zu überzeugen. Aber sie bleibt hartnäckig, macht mit ihm eine Erstklässler-Übung – und als er die erfolgreich beendet hat, möchte er gar nicht mehr aufhören …

Marc ist ein pfiffiger, sympathischer kleiner Kerl. Aber er hat ein großes Handicap: Er traut sich nichts zu. Wenn eine unbekannte Herausforderung ansteht, versucht er sich unsichtbar zu machen. Kann er ihr jedoch nicht ausweichen, passiert es manchmal, dass er vor Angst zittert. Dann flackert sein Blick unsicher umher und er sieht aus, als würde er alle möglichen Fluchtwege taxieren.

Um lernen zu können, muss der Mensch lernen wollen. Lernen heißt jedoch immer, etwas Neues zu versuchen. Da Marc allem Neuen ausweicht, versucht seine Lehrerin, ihn mit möglichst einfachen Übungen anzusprechen, um ihm Erfolgserlebnisse zu ermöglichen. Das ist mühsam, aber allmählich wächst Marcs Vertrauen in sie, vor allem jedoch in seine Fähigkeiten.

Kinder, denen die Leistungsmotivation fehlt, sind nicht einfach faul, sondern sie haben schon als Kleinkinder gelernt, dass sie es offenbar sowieso nicht recht machen können. So werden sie zu „Misserfolgs-Vermeidern". Das Kribbeln im Bauch vor einer Herausforderung, die Anspannung beim Versuch, ein Problem zu lösen, die Lust am Erfolg – das alles ist ihnen fremd. Sie brauchen sehr viel Liebe und Geduld und immer wieder den Beweis, dass sie etwas hinkriegen, wenn sie es nur genug versuchen.

Selbstständigkeitserziehung, kleine Aufgaben in Haushalt und Familie, Probleme weitgehend selber lösen, viel In-den-Arm-Nehmen und Lob fördern ein positives Selbstwertgefühl und schließlich sogar schulische Leistungsmotivation.

Köpfchen einschalten!

Eine ganze Familie auf Rädern kommt mir beim Spaziergang entgegen: Vater, Mutter mit Hund an der Leine neben sich, ein vielleicht siebenjähriger Junge sowie sein sicher noch nicht vierjähriges Brüderchen. Als der Kleine auf gleiche Höhe mit seiner Mama aufschließen will, berührt er das Rad seines Bruders und fällt hin.

Klar, dass der Kleine erst mal weint. Schließlich war der Sturz ein Schreck für ihn, auch wenn nichts weiter passiert ist. Der ältere Bruder schaut ein wenig bedröppelt drein, denn er war schließlich in den Unfall verwickelt. Die ganze Familie hält an und Mama hilft dem Kleinen aufzustehen. „Wie kannst du denn auch versuchen, dich zwischen uns durchzudrängeln", schimpft sie mit ihm, wobei er tapfer versucht, die Tränen niederzukämpfen. Und während sie vor dem Weiterfahren die Hundeleine sortiert, sagt sie: „Ich glaube, du hast heute dein kleines Köpfchen nicht richtig eingeschaltet."

Offenbar kann der dreijährige Sohn es seiner Mutter heute nicht recht machen. Ich weiß nicht, was vorher schon vorgefallen war, aber ist es nicht überhaupt eine tolle Leistung, wenn ein so kleines Kind Fahrrad fahren kann? Es hat noch so viel mit der Koordination von Treten, Lenken und Balance zu tun, dass es völlig überfordert wäre, sollte es gleichzeitig die anderen in der Radelgruppe und vielleicht sogar noch den Gegenverkehr im Blick behalten. Ein Fahrradausflug mit der ganzen Familie, so schön das in der Vorstellung der Eltern auch sein mag, macht erst Sinn, wenn die Kinder ihr Gerät sicher beherrschen. Bis dahin sollten die Erwachsenen IHREN Kopf einschalten und den Familienausflug so arrangieren, dass kein Kind dabei überfordert ist und sie selbst entspannt und gelassen reagieren können, wenn mal ein Malheur passiert.

Kinder sind schließlich Kinder, deren kleines Köpfchen so funktioniert, wie es ihnen eigen ist.

Mit dem Einrad beim Spaziergang

Timo hat zu Weihnachten das heiß ersehnte Einrad bekommen. Der Achtjährige möchte nämlich gerne bei der Zirkus-AG in der Schule mitmachen. Jetzt, wo an einem Sonntag die ersten Frühlingssonnenstrahlen locken und die Familie spazieren gehen möchte, will er das Akrobatengerät unbedingt mitnehmen.

Seine Mutter widerspricht zunächst: „Das ist doch kein Fahrrad für längere Strecken, und du kannst noch gar nicht sicher fahren." Aber Timo will unbedingt, weil er ja üben müsse, und verspricht natürlich auch, das Einrad selbst zu schieben, wenn er nicht mehr kann.

Am Anfang sieht alles noch gut aus. Mama und Papa halten ihren Sohn bei beiden Händen, und die drei kommen ganz gut voran. Aber weil Timo noch nicht viel trainiert hat, protestieren bald die verschiedensten Muskeln. Schließlich kann er nicht mehr und steigt ab. Das Einrad zu schieben ist allerdings auch nicht sehr bequem. Als sie dann an den Rhein kommen, muss er schnell zum Steinchenwerfen ans Ufer; dabei kann er das Einrad gar nicht gebrauchen. Und weil Steinewerfen Männersache ist, darf die Mama sich jetzt ums

Rädchen kümmern. Sie muss es letztlich tragen, wenn sie ihren Männern folgen möchte. Aber auch ein Einrad hat ein ganz ordentliches Gewicht, wenn man es länger zu schleppen hat.

Eigentlich hat Timos Mama es von Anfang an gewusst. Doch um des lieben Friedens willen hatte sie seinen Wunsch akzeptiert. Ein Achtjähriger ist noch sehr stark von seinen Impulsen gesteuert und nicht von der Vernunft. Er hatte nicht vorhersehen wollen, was für seine Mutter vorhersehbar war. Er hatte deshalb auch nicht einsehen wollen, dass ein Einrad für die artistische Trainingssituation auf ebener Fläche gedacht ist und nicht für einen Spaziergang.

Seine Mama hatte es gewusst. Wäre sie standhaft geblieben, hätte sie sich Ärger erspart. Jetzt bleibt nur noch eine Chance, damit Timo etwas aus dieser Episode lernt: Er muss die Konsequenzen – sein Einrad – mittragen.

Papa und der Stinkefinger

Es herrscht typischer Feierabendverkehr. Die durchfahrenden Autos in einem Kölner Vorort schlängeln sich dicht an dicht in beiden Fahrtrichtungen durch die Hauptstraße. Jeder versucht ungeduldig, keinen Meter des Vorankommens zu versäumen. Am Fahrbahnrand steht ein Mann mit seinem vielleicht achtjährigen Jungen und will über die Straße.

Jeder Fußgänger kennt die Situation, dass er es eilig hat und voller Ungeduld rasch die Straße überqueren möchte. Fast jeder Fußgänger ist aber auch ein Autofahrer und weiß, wie ungeduldig man in dieser Rolle im Stress des Feierabendverkehrs ist. Der Mann, der mit seinem Jungen über die Straße will, wird auf der anderen Seite nach rechts oder links weitergehen, denn genau gegenüber gibt es nichts, was ein Ziel für ihn sein könnte. In beiden Richtungen gibt es Fußgänger-Überwege in kurzer Distanz, einer sogar ampelgeregelt. Aber der Mann will hier hinüber. Sein Ärger über die Autoschlange wächst von Sekunde zu Sekunde. Als die Blechlawine kurz anhält, will er los. Aber schon setzt sich ein Auto vor ihm wieder in Bewegung. Jetzt brüllt er wütend Schimpfwörter und zeigt dem Fahrer den Stinkefinger, seinen Jungen an der anderen Hand.

Eigentlich wäre diese kleine Momentaufnahme aus dem Alltag zum Lachen, aber da ist der Junge, und der lernt etwas in diesem Moment. Er lernt, dass man sich auch in gefährlich dichtem Straßenverkehr den kürzesten Weg sucht, dass man seinen spontanen Impulsen folgt, ohne den Verstand einzuschalten, dass man ohne Rücksicht auf die Allgemeinheit seine persönlichen Interessen durchsetzt und sich bei Widerständen mit Beschimpfungen und Beleidigungen wehrt.

Heißt es nicht, den Kindern von heute fehle das Sozialverhalten? Wir brauchen sie nicht dazu zu erziehen – sie machen uns ohnehin alles nach.

Die verheimlichte Fünf

Frau R. ist geschockt. Nicht nur, dass ihr Michi, der das vierte Schuljahr besucht, in der Mathe-Klassenarbeit eine Fünf geschrieben hat. Nein, er hat es ihr auch noch verheimlicht! Erst die Lehrerin brachte ihr im Gespräch diese Nachricht bei.

Für Frau R. war es schon peinlich genug, die schlechte Note erfahren zu müssen. Michi ist zwar kein Überflieger, aber bisher hatte eine Bildungsempfehlung fürs Gymnasium durchaus noch in Reichweite gelegen. Die ist nun zweifelhaft. Mehr jedoch schmerzt es sie, dass ihr Sohn ihr die Fünf nicht gebeichtet hat. Was soll die Lehrerin nur von ihr und ihrem Verhältnis zu Michi denken?

„Ich bin so sauer auf ihn!", lässt Frau R. ihren Frust im Telefonat mit mir ab. „Er war einfach faul. Und dann hat er behauptet, die Arbeit sei noch nicht zurückgegeben worden. Ich hab große Lust, ihn nachher richtig zusammenzustauchen."

Es ist nur zu verständlich, dass Frau R. verletzt und wütend ist. Aber im Gespräch gelingt ein Perspektivenwechsel. Wie hat Michi sich gefühlt, als er die Fünf zurückbekam? Was hat er gedacht, befürchtet? Frau R. vermutet, dass er sich wohl geschämt haben könnte. Gerade weil er sich ihren Mahnungen entzogen hatte, mehr zu üben, war die Blamage zu groß, um sich der Wahrheit zu stellen. Sie vermutet auch, dass er gleichzeitig ein schlechtes Gewissen haben muss, denn normalerweise herrscht zwischen ihnen Ehrlichkeit und Vertrauen.

Aber wie soll sie ihn nun ansprechen? Vielleicht so: „Die Lehrerin hat mir von deiner Fünf in Mathe erzählt. Das war sicher hart für dich." Eine solche Gesprächseröffnung bietet die Chance, dass Michi sein Schweigen überwindet, weil er Verständnis spüren und dadurch zu seiner Faulheit und der Verheimlichung stehen kann. Dann wird er auch offen sein für die Verletztheit und Wut seiner Mutter. Damit kann dieser Konflikt eine gute Möglichkeit für Persönlichkeitswachstum werden – bei Michi wie auch seiner Mutter.

Eine verschworene Familie

Ich sitze in einem türkischen Lokal neben dem Bahnhof in Hamburg-Altona. Mehr multikulti als hier geht nicht. Es ist lebhaft, fröhlich und laut, aber friedlich, als am Tisch neben mir ein Elternpaar mit zwei Kindern Platz nimmt. Der vielleicht fünfjährige Junge ist zappelig und schreit, als sich die Familie am Tisch einrichtet.

Untereinander sprechen Eltern und Kinder deutsch. Mit dem Kellner redet die Mutter – und zwar türkisch. Als der Vater die Jacke auszieht, kommen seine vollständig mit Tätowierungen bedeckten Arme zum Vorschein.

Während sich die etwa sechsjährige Tochter neben ihre Mama kuschelt, hampelt der Junge auf seinem Fensterplatz neben dem Papa herum, aber nicht lange. Sein Vater wendet sich ihm zu, fasst ihn am Arm an und redet beruhigend auf ihn ein. Ein paar Sekunden gibt er Ruhe, dann versucht der Junge es wieder. Konsequent spricht sein Vater ihn erneut an, hält ihn fest und stellt Blickkontakt her. Er erklärt ihm, dass man im Lokal nicht schreien dürfe, weil das die anderen Gäste stört, und zeigt auf mich am Nebentisch. Mein Anblick scheint den Kleinen zu überzeugen und er bleibt eine Weile ruhig. Aber es gibt so viel zu sehen und zu hören. Er will auf die Bank klettern, doch sein Papa nimmt ihn in den Arm, redet ihm gut zu, zeigt ihm Menschen und Dinge draußen auf dem belebten Bahnhofsplatz.

Derweil hat sich die Mutter um die Bestellung gekümmert und hält engen Kontakt zum offenbar pflegeleichten Töchterchen. Der Junge ist allmählich ruhiger geworden, aber mehrfach bricht es laut und ungeduldig aus ihm heraus, dass er Hunger hat. Immer wieder fängt sein sehr geduldiger Papa die Unruhe auf.

Schließlich legen alle vier ihre Hände mitten auf dem Tisch zu einem Händeturm übereinander. Ich kann nicht verstehen, was sie miteinander murmeln, aber es wirkt wie ein eingespieltes, verschworenes Ritual. Zuwendung, Konsequenz und emotionale Nähe – das Grundrezept der Erziehung ist so einfach.

In der Autobahn-Raststätte

Eine Großfamilie sitzt in der Autobahn-Raststätte auf Wandbank und Stühlen um zwei Tische herum und isst. Nur der vielleicht dreijährige Junge, das einzige kleine Kind in der Gesellschaft, läuft um die Tische herum. Er gräbt mit den Händen in den Pflanzenkübeln und klettert über Stühle und Bänke. Ihm hinterher läuft seine Mama, mit einer Gabel voll Essen.

Wenn sie ihn erreicht, versucht sie ihn zu füttern, aber der Junge ist eigenwillig. Mehr Erfolg hat sie, wenn sie mit der Colaflasche ankommt. Da trinkt er gerne draus und lässt sich anschließend gnädig einen Happen Essen in den Mund schieben. Seine Mama, die zwischendurch auch ab und zu ein paar Bissen zu sich nimmt, muss ihm jedoch immer wieder an andere Plätze im Lokal folgen, weil er keine Minute irgendwo bleibt.

Keiner der Männer am Tisch unterstützt die Frau. Erst als sie mit ihren Mahlzeiten fertig sind und sich den Geldspiel-Automaten zuwenden, kümmern sie sich um den Jungen und setzen ihn zu sich auf einen Hocker. Dort kann er die blinkenden Lichter betrachten und darf ab und zu eine Taste drücken. Noch einmal macht der Kleine einen Ausflug durchs Lokal, dann bleibt er bei den Männern und den schrill blinkenden und Töne produzierenden Automaten.

Man kann der Mama nicht vorwerfen, dass sie das Kind vernachlässige. Sie sorgt dafür, dass es isst. Und Bewegung braucht so ein Kind natürlich auch zwischendurch bei einer langen Autoreise. Aber das Kind erfährt keine Form oder Ordnung. Es darf völlig ungesteuert seinen Impulsen nachgeben. Die Welt dreht sich allein um es und lockt mit Cola und schrillen Elektronikspielen.

Doch Kinder brauchen Formen und Rituale, beispielsweise Hände waschen, hinsetzen, essen, aufstehen, spielen. Wenn dann Essen und Trinken auch noch gesund wären und das Spiel mit Bewegung verbunden, erübrigte sich später so manche Therapie.

Einfach nur keine Lust auf Hausaufgaben

„Es ist nicht so, wie Sie eben die Ängstlichkeit vor dem Misserfolg beschrieben haben", erklärt mir eine Mutter nach dem Vortrag über die Stärkung der schulischen Leistungsmotivation, „sondern Justin hat einfach nur keine Lust auf Hausaufgaben. Er geht lieber raus, spielen." Ich frage nach, in welcher Klassenstufe Justin sei. „5. Schuljahr", antwortet die Mutter.

Wer Kinder liebt, hat sicher viel Verständnis für alle Justins dieser Welt. Nicht immer ist Schule für Kinder und Jugendliche so attraktiv wie ihre bevorzugten Freizeitbeschäftigungen. Klar, dass sie sich lieber mit Freunden treffen, auf der Straße kicken oder im Internet surfen und chatten.

Aber irgendwann soll Justin einmal seinen Lebensunterhalt selbst verdienen können. Damit das möglichst allen Kindern später gelingt, hat unser Staat Schulen eingerichtet und die Schulpflicht festgelegt. Auch Justins Mutter befürwortet das, aber was soll sie machen? Justin hat einfach nur keine Lust auf Hausaufgaben. Ihr Junge, der im 5. Schuljahr seine Rolle als Schüler noch nicht verstanden hat, stellt sie vor ein akutes Problem, das sie jetzt gelöst haben möchte.

Aber niemand kann es für sie lösen, wenn sie es nicht selbst tut. Sie muss ihm ihren Standpunkt erläutern, dass er seine Freizeitbedürfnisse nur in dem Rahmen befriedigen kann, den ihm die Erledigung seiner Pflichten lässt. STAND-Punkt heißt: „Hier stehe ich, und du kommst nicht an meiner Position vorbei, ohne dich mit mir auseinanderzusetzen." Diese Auseinandersetzung mit elterlichen Standpunkten brauchen Kinder und besonders Pubertierende, um ihre Identität und eine gesunde, selbstbewusste Persönlichkeit zu entwickeln.

Die Auseinandersetzung zu scheuen führt Eltern häufig in die erzieherische Ohnmacht. Aber Justins Mutter kann sich helfen lassen, z. B. beim schulpsychologischen Dienst oder bei einer Erziehungsberatungsstelle.

Pornos auf dem Handy

Herr M. ist entsetzt. Als er sich das Handy seines dreizehnjährigen Sohnes genauer ansieht, um dessen technische Finessen zu erkunden, stößt er auf harte Pornografie. „Was soll ich nur machen?", fragt er mich. „Wenn ich Gerrit sage, dass ich die Pornos entdeckt habe, wird er mir doch Vertrauensbruch vorwerfen, weil ich ans Handy gegangen bin, ohne ihn zu fragen."

Kinder haben heutzutage technische Möglichkeiten, die für uns früher noch unvorstellbar waren. Doch technischer Fortschritt ist nur dann echter Fortschritt, wenn unsere Moral mit ihm Schritt hält. In der Pubertät stehen junge Menschen mitten in der Entwicklung ihrer moralischen Wertvorstellungen. Sie suchen nach allen möglichen Erfahrungen, auch nach dem, was wir Erwachsenen für unangebracht halten und ihnen verbieten.

Jugendliche kommen heute problemlos an Gewalt- und Pornovideos, die sie sich aufs Handy laden, untereinander zeigen und weitergeben. Etliche von ihnen sind von diesen Filmen fasziniert, auch wenn sie meist noch nicht genau wissen, was sie davon halten sollen. Der Reiz des Verbotenen lockt zusätzlich.

Gerrits Jugend entschuldigt einiges. Aber dass die entdeckten Filme auf seinem Handy nichts verloren haben, muss er wissen. Deshalb sollte Herr M. umgehend mit dem Jungen reden und ihn veranlassen, die Filme in seinem Beisein zu löschen. Vor dem Vorwurf des Vertrauensbruchs darf Gerrits Vater sich nicht drücken; zudem hat er ja nicht absichtlich geschnüffelt. Und auch Gerrit hat das Vertrauen seiner Eltern missbraucht. Sie haben ihm ein hochwertiges Handy ermöglicht, dessen Potenzial er auf verbotene Weise ausnutzte.

Eltern und Sohn müssen lernen zu klären, was moralisch in Ordnung ist und was nicht. Das wird sicher nicht einfach, denn dann geht es auch um die Frage, wieso es eigentlich Pornos gibt. Aber genau durch solche Fragen bildet sich das moralische Werturteil aus.

Das eine Bier

Ein Freund erzählt mir von seinem Geburtstag. Die halbe Nachbarschaft hatte beisammen gesessen und gefeiert, als der zwölfjährige Leon von nebenan ein Bier verlangte. „Das kriegt jemand in deinem Alter bei mir nicht“, hatte mein Freund klargestellt. Daraufhin hatte der Junge heftig schimpfend die Gesellschaft verlassen und war nach Hause gegangen.

„Ach, das eine Bier hättest du ihm ruhig geben können“, hatte Leons Vater anschließend gesagt. „Bei uns darf er schon mal eins trinken.“ Mein Freund berief sich auf das Jugendschutzgesetz und die Tatsache, dass Alkohol im Entwicklungsalter noch viel schädlicher ist als bei Erwachsenen. Daraufhin hatte sich Leons Mutter eingeschaltet: „Aber man kann doch einem Jungen in dem Alter nicht mehr alles verbieten.“

„Ich war baff“, erzählt mir mein Freund weiter. Er kenne die Familie jetzt schon seit Jahren und wisse, dass die Mutter große Probleme mit Leon habe. Sie versuche immer, ihm alle Probleme und Schwierigkeiten abzunehmen, damit er es gut habe. Er danke es ihr aber überhaupt nicht, im Gegenteil. Sein Ton ihr gegenüber sei oft fordernd und unverschämt, Pflichten lehne er ab und auch in der Schule habe er häufig Ärger mit seinen Lehrern.

Leons Eltern wollen sicherlich nur das Beste für ihren Jungen. Aber sie unterliegen einem Irrtum: Nicht alles, was er sich wünscht, ist gut für ihn. Ebenso wenig bringt es ihn weiter, wenn sie Konflikten mit ihm aus dem Weg gehen. Kinder und Jugendliche brauchen Eltern mit klaren Standpunkten, um sich an ihnen orientieren zu können. Schiffe, die ihren Kurs nach den Himmelsgestirnen bestimmen, würden sich auch verirren, wenn die Sterne nicht verlässlich an einem festen Platz stünden.

Leon ist auf Schlingerkurs, weil seine Eltern nicht die Fixsterne sind, die er braucht. Wer soll ihn halten, wenn er auf die schiefe Bahn gerät und abrutscht? Es geht nicht um das besagte eine Bier, sondern um unsere Haltung.

Mit dem Baby sprechen

Sina führt mir stolz ihr Baby vor. Sie ist 26 und verständlicherweise total glücklich über Lea, ihr erstes Kind. Die junge Mutter badet die Kleine und wickelt sie und macht das alles sehr geschickt. Mich wundert nur eines und darum frage ich sie: „Warum sprichst du eigentlich gar nicht mit Lea, wenn du sie versorgst?"

Sina wird ein wenig verlegen. „Ach, was soll ich denn mit ihr reden?", fragt sie zurück. „Sie versteht ja noch nichts."

Mir fallen in diesem Augenblick etliche Szenen ein, wie mir auf der Straße oder im Park Mütter begegneten, die ihr Baby im Kinderwagen schoben und dabei mit dem Handy telefonierten. Wir leben im viel gelobten Kommunikationszeitalter. Die heutige Technik ermöglicht es uns, ständig mit irgendwem in Kontakt zu sein, zu reden, zu chatten, zu mailen oder zu bloggen. Aber es scheint mir, als ob die unmittelbare Kommunikation von Mensch zu Mensch dabei auf der Strecke bliebe. Unmittelbar – das bedeutet „ohne Medien".

Natürlich kann die kleine Lea ihrer Mama noch nicht antworten. Aber die unmittelbare Kommunikation besteht ja auch nicht bloß aus Worten. Mit dem Baby zu sprechen heißt, es dabei zu streicheln, zu massieren, Mimik und Gestik zu benutzen und in liebevollem Kontakt zu sein. Es antwortet mit Quieken und Lachen, ahmt unsere Mimik nach und versucht zunehmend, Laute zu artikulieren.

In einem schauerlichen Experiment hatte einmal vor mehreren hundert Jahren ein Fürst herausfinden wollen, welche Sprache Menschen sprechen, wenn man ihnen keine vorspricht. Deswegen sollten die Pflegerinnen in einem Findelhaus die Babys ordentlich versorgen, aber nicht mit ihnen sprechen – alle Kinder starben!

Mütter müssen Babys von klein auf „in Sprache hüllen", damit sie Zuwendung erfahren, sich geborgen fühlen und das Sprechen lernen können. Nur so erwirbt der Mensch seine Muttersprache. Das funktioniert übrigens auch mit Vätern.

Max zerbröselt alles

„Max treibt mich noch zum Wahnsinn mit seiner Unruhe", klagt Frau B. „Bei den Hausaufgaben muss er ständig mit Stiften oder irgendwelchen Sachen spielen. Jetzt hat seine Lehrerin sich beschwert, weil er im Unterricht dauernd Radiergummis zerbröselt, sogar die von seinen Mitschülern. Was ist nur los mit dem Jungen?"

Viele Mütter können Frau B. gut verstehen, denn es gibt viele Kinder wie Max. Seine Hibbeligkeit ist nur schwer auszuhalten, wenn man neben ihm sitzt und darauf wartet, dass er mit seinen Hausaufgaben vorankommt. Würde sie sich nicht um seine Hausaufgaben kümmern, würde seine Lehrerin ihr das zum Vorwurf machen – das fürchtet Frau B. jedenfalls. Also kontrolliert sie Max beim Lernen ganz genau. So ein Gespräch mit der Lehrerin wie das letzte gibt ihr jedes Mal das Gefühl, versagt zu haben. Sie möchte, dass alles glatt läuft für ihren Jungen, dass er in der Schule zurecht kommt und erfolgreich ist. Schließlich trägt sie doch die Verantwortung für ihn. Auch ihr Mann erwartet, dass sie für eine gute Entwicklung von Max sorgt.

Im Gespräch erkennt Frau B. allmählich, unter welchem Druck sie steht. Vor allem merkt sie, dass sie diesen Druck an Max weitergibt. Irgendwie muss der Druck sich ja entladen, irgendwo muss er abreagiert werden können. So zerbricht er Stifte und zerbröselt Radiergummis. Mit seinen acht Jahren kann er nicht mit Worten ausdrücken, was ihn so unruhig macht. Auch er möchte alles recht machen und die Erwartungen seiner Eltern erfüllen. Aber die ängstliche Kontrolle durch seine Mutter gibt ihm das Gefühl, dass er ja sowieso nichts richtig oder zumindest nicht gut genug macht.

Frau B. hat jetzt den Mechanismus des Teufelskreises verstanden, in den sie und Max geraten sind. Sie wird noch einige Gespräche brauchen, auch mit der Lehrerin und ihrem Mann. Bald wird es ihr gelingen, ihre Angst und den Druck zu überwinden. Dann haben Radiergummis wieder eine Überlebenschance bei Max.

Schnulli aus dem Wagen werfen

Die junge Mutter mit dem Kinderwagen unterhält sich mit einer Bekannten, die sie auf der Straße getroffen hat. Als das Baby zu quengeln beginnt, schaukelt sie den Wagen. Kurz darauf fällt Babys Schnuller heraus. Die Mama hebt ihn auf, putzt ihn ab und steckt ihn dem Baby wieder in den Mund. Kurz darauf fällt er wieder heraus.

Haben Sie Ähnliches auch schon einmal erlebt? Das unzufriedene Baby macht auf sich aufmerksam. Es fühlt sich vernachlässigt, denn der Blickkontakt mit der Mama ist abgerissen. Die unterhält sich und beachtet ihr Kind momentan gar nicht. Erste Selbsthilfemaßnahme: quengeln. Reaktion: Mama schaukelt den Wagen. Das ist schon angenehmer als vorher, aber noch nicht das, was das Baby wollte. Zweite Selbsthilfemaßnahme: Schnulli aus dem Wagen werfen. Jetzt muss die Mama sich dem Baby zuwenden und ihm den abgeputzten Schnuller wieder in den Mund schieben. Doch was soll das? Jetzt wendet sie sich schon wieder ab und der Konkurrenz zu! Wiederholung der zweiten Selbsthilfemaßnahme: Schnulli raus. Wiederholung von Mamas Reaktion – das Baby lacht und freut sich. Wenn die Mama sich nun wieder der Bekannten zuwenden sollte, wird sich das Spielchen wiederholen, auch wenn die Mutter sich genervt fühlen und schimpfen sollte. Die immer wieder erneut provozierte Zuwendung ist dem Baby wichtiger.

Ich finde es fantastisch, welche Intelligenz in uns Menschen steckt. Das Baby kann noch nicht sprechen, aber es vermag seiner Mama bereits Spielregeln zu diktieren! Da sein Verhalten von Erfolg gekrönt ist, wird es von Mal zu Mal stabiler. Die Mama hingegen wird zunehmend ärgerlicher. Wenn sie schließlich den Schnuller einsteckt, weil sie das Spielchen leid ist, wird ihr Baby wahrscheinlich zu weinen beginnen. Wer könnte dem widerstehen?!

Mama nimmt das Baby auf den Arm und beteiligt es an der Unterhaltung. „Na also“, denkt das Baby, „warum nicht gleich so?“

Für jede Eins einen Euro

Weil es im 3. Jahrgang zum ersten Mal das ganze Jahr über Noten und am Ende ein Versetzungszeugnis gibt, lässt die Lehrerin vier Wochen davor einen Aufsatz zum Thema „Wenn ich an mein Zeugnis denke …“ schreiben. Mehrere Kinder notieren Ähnliches wie Linus: „Ich freue mich auf mein Zeugnis, denn dann bekomme ich für jede Eins einen Euro.“

Natürlich ist Linus’ Vorfreude auf einige Euros verständlich. Seine Eltern freuen sich mit ihm über gute Noten und lassen dafür gerne etwas springen. Sie verstehen diese Belohnung als Ansporn.

Doch das ist nicht ganz harmlos, sondern in mehrfacher Hinsicht problematisch. Die ursprüngliche Motivation für Lernen liegt in der Sache selbst. Kinder sind neugierig und wollen ständig hinzulernen. Etwas Neues zu können empfinden sie als Erfolg. Die damit verbundene Freude führt zur Ausschüttung von so genannten Glückshormonen, den Endorphinen. Diese verstärken die Anstrengungsbereitschaft. Werden die Erfolge mit Geld belohnt, verschiebt sich die Motivation vom Lernen um der Sache willen mehr und mehr hin zum Lernen um der Belohnung willen. Das ist mit geringerer Endorphinausschüttung verbunden, weshalb immer größere Belohnungen nötig werden. Wie weit soll das führen?

Daneben kann die Aussicht auf Belohnung auch einen Erfolgsdruck erzeugen, der bei manchen Kindern Lernblockaden auslöst. Kinder erleben die Geldgeschenke außerdem als Gradmesser für Wertschätzung: Je mehr Geld, desto mehr bin ich meinen Eltern wert. Werden die Noten schlechter, lieben mich meine Eltern weniger. Gute Noten – gutes Kind; schlechte Noten – schlechtes Kind.

Da gefällt mir besser, was Jonas schreibt: „Ich freue mich auf mein Zeugnis, weil wir dann mit der ganzen Familie in der Pizzeria feiern." Ein Fest des „Familienbetriebs" für das abgeschlossene Schuljahr, unabhängig von den Noten – eine prima Idee!

Im Schwimmbad

„Nun stell dich nicht so an!", ruft der Papa, packt sein Töchterchen an der Hand und springt mit ihr ins Wasser. Es ist nur das Nichtschwimmerbecken, aber trotzdem kann die Fünfjährige an dieser Stelle nicht stehen. Kein Wunder, dass die Kleine prustet, um sich schlägt und schließlich weint, als sie sich an den Beckenrand klammert.

Eigentlich ist es ja wunderbar, wenn ein Vater sich mit seinem Kind beschäftigt, mit ihm ins Schwimmbad geht und ihm sogar das Schwimmen beibringen möchte. In diesem Fall soll die Kleine nach den Sommerferien eingeschult werden und dann möglichst schon schwimmen können.

Eigentlich fühlen sich Kinder im Wasser wohl und planschen gerne darin herum. Auch dieses Kind hat das immer gerne getan, aber eben im Planschbecken und nicht dort, wo es noch nicht stehen kann.

Eigentlich ist fünf Jahre ein gutes Alter, um schwimmen zu lernen, weil Kinder dann über die Fähigkeit zu jener

Koordination von Armen und Beinen verfügen, die man beim Schwimmen braucht.

Aber: Kindern ist die Fähigkeit zu schwimmen nicht angeboren. Der Spaß mit dem Wasser schlägt in Angst um, wenn man Wasser schluckt oder gar in die Atemwege bekommt. Die behinderte Atmung löst das Gefühl des Erstickens aus und erzeugt Panik. Deswegen brauchen Eltern ein gutes Einfühlungsvermögen, um ihr Kind an tiefes Wasser zu gewöhnen. Jeder Zwang ist tabu, weil er die Angst verfestigt.

Am besten lernen Kinder das Schwimmen in einem Kurs. Gemeinsam mit anderen macht es nicht nur mehr Spaß, sondern es fällt in der Gruppe auch leichter, sich zu überwinden und die Ausdauer zu trainieren. Am Ende des Kurses steht außerdem ein großes Erfolgserlebnis: das Seepferdchen. Dieses Abzeichen zu bekommen und auf der Badekleidung zu tragen, ist eine riesige Motivation.

Wenn der Papa dann mit seiner Tochter ins Becken springt, werden beide ihren unbeschwerten Spaß haben.

Weniger ist mehr

Kaum haben die großen Ferien begonnen, flattern die ersten Prospekte mit Angeboten für Schulutensilien und Fördermaterialien ins Haus. „Fit für die Schule" lautet das Motto. „Was rätst du mir?", fragt mich meine Nichte. „Soll ich für Jan diese Arbeitshefte hier kaufen oder lieber doch die Lernprogramme für seine Spielekonsole?"

Mütter haben es heutzutage wirklich nicht leicht. Noch nie war für sie der Stress so groß, in der Erziehung alles richtig zu machen. Von allen Seiten prasseln gute Ratschläge aus Zeitungen und Zeitschriften auf sie ein. Jede Buchhandlung wirbt rechtzeitig vor Schuljahresbeginn mit den „richtigen" Lernhilfen und Büchern, um Kindern den optimalen Start zu ermöglichen. Apotheken legen konzentrationsfördernde Säfte und Globuli ins Schaufenster. Welche Mutter will schon etwas versäumen, was ihrem Kind guttäte?

Zumindest, was die Arbeitshefte und Lernprogramme angeht, kann ich meine Nichte beruhigen. Jan braucht sie nicht. Er hat die ersten beiden Schuljahre relativ problemlos durchlaufen. Er ist zwar lebhaft und neugierig, macht seine Hausaufgaben nicht gerade begeistert, aber im Zeugnis wurden ihm altersgemäße Lernfortschritte bescheinigt. Er tollt lieber draußen herum, als sich mit Arbeitsheften zu beschäftigen. Konzentrationsübungen, die angeblich so viel Spaß machen, würden nur seinen Widerwillen stärken, aber nicht seine Konzentration. Wenn ihm etwas Spaß macht, ist seine Konzentration ohnehin kein Problem.

Viel Bewegung an der frischen Luft, ausreichend Schlaf und gesunde Ernährung sind die beste Konzentrationsförderung für Jan. Eine Kinderzeitschrift im Abonnement, die ihn allmonatlich mit interessanten Themen, Rätseln und Geschichten lockt, und – besonders wichtig! – die Gespräche darüber mit seinen Eltern fördern ihn genug. Weniger ist mehr!

Der kleine Fotograf

Mats ist sechs Jahre alt und kommt nach den Sommerferien in die Schule. Jetzt befindet er sich mit seinen Eltern im Urlaub. Das Domizil ist familiengerecht, aber weil es keine anderen Kinder hier gibt, langweilt der Junge sich. Da drückt ihm sein Vater den Fotoapparat in die Hand und erklärt ihm kurz die wichtigsten Funktionen.

Ich treffe Mats, wie er ums Haus herumstreift. Auskunftsfreudig erzählt er, dass er Fotos vom Haus und der Umgebung macht. Die schönsten sollen ins Familien-Urlaubsalbum kommen. Ganz bei der Sache ist der Kleine, schaut sich um, sucht nach interessanten Objekten. Immer wieder hält er die kleine, einfache Digitalkamera vor sich, richtet sie aus und drückt auf den Auslöser. Was interessant ist, bestimmt er selbst. Er sammelt Bilder von Blüten und Steinen, jagt Schmetterlinge und Katzen. Zum nächsten Ausflug müssen seine Eltern ihn rufen.

In der Schule würde man von einer „offenen problemorientierten Aufgabenstellung" sprechen. Das Problem: Wir brauchen Bilder für unser Album. Die Motivation liegt in der Sache selbst: Du kannst das Problem lösen, deine Bilder kommen ins Album.

Der Prozess: Mats zieht los und merkt, dass er noch gar nicht weiß, was er interessant findet. Er sucht und nimmt die Welt um sich herum bewusst in den Blick. Er klärt seine Interessen und setzt Prioritäten. Dann fokussiert er die ausgewählten Objekte und setzt sie ins Bild.

Der Effekt: Beim bewussten Fotografieren geschieht das Gegenteil vom Fernsehen: Nicht der Bildschirm zieht meine Blicke auf sich, sondern ich schaue bewusst und wähle aus, was ich in den Blick nehme. Nicht die Bilder steuern mich, sondern ich entscheide, was ich ins Bild setze. Ich lasse mich nicht berieseln, sondern sortiere nach eigenem Sinnen und Trachten in „interessant“ und „uninteressant“. So hat Mats Gelegenheit, Selbstkompetenz zu entwickeln.

Ein Trolley für Madita

„Guck mal – mein neuer Trolley“, sagt Madita stolz zu mir. „Nanu“, stutze ich. „Du hattest doch voriges Jahr zur Einschulung so einen schönen Ranzen bekommen?“ „Ja“, antwortet die Kleine, „aber den hätte ich jeeeeeeeden Tag aufräumen müssen.“

Maditas Mama ergänzt: „Was die Kinder schon im ersten Schuljahr mit sich herumschleppen müssen, ist viel zu viel. Wenn ich Madi zur Schule bringe, kann ich selbst den Ranzen kaum tragen.“

Die Mutter möchte ihre Tochter vor körperlichen Schäden bewahren. Deswegen nimmt sie ihr auf dem Schulweg oft den Ranzen ab und hat jetzt den Trolley gekauft. Aber stellt der denn tatsächlich eine Entlastung dar? Dass Schulranzen heutzutage mehr beinhalten als Fibel, Griffelkasten und Schiefertafel, ist wohl wahr. Sie wiegen im zweiten Schuljahr im Durchschnitt etwa fünf bis sechs Kilo und damit 17-20 Prozent des Körpergewichts. Das schadet den Kindern jedoch nicht, wenn sie einen guten Ranzen mit gepolstertem

Rückenteil haben und ihn richtig auf dem Rücken tragen. Die alte Faustregel, wonach ein Schulranzen nicht mehr als 10 Prozent des Körpergewichts wiegen dürfe, ist überholt, die entsprechende DIN-Norm wird deswegen geändert. Aktuelle Untersuchungen belegen im Gegenteil sogar einen Trainingseffekt durch Schulranzen für jene Muskelpartien, die die Wirbelsäule stabilisieren.

Der Trolley für Madita verhindert, dass das Mädchen seine Kräfte einsetzt und durch Anwendung trainiert. Dadurch bleiben die entsprechenden Muskeln schwach. Die gedrehte Körperhaltung beim Ziehen des Trolleys bedeutet stattdessen eine neue Gefahr für die noch formbare Wirbelsäule.

Den Ranzen selber zu tragen und ihn auch täglich selber so zu packen, dass überflüssiger Ballast draußen bleibt, fördert die Entwicklung von Eigenverantwortung bei Schulkindern – eine Schlüsselqualifikation in heutiger Zeit.

Auf der Rutsche

Ungefähr eineinhalb Jahre alt ist das kleine Mädchen. Ihr Papa bugsiert sie ein mehr als zwei Meter hohes Klettergerüst hinauf, hebt sie über diverse Hindernisse und setzt sie dann an den Rand der Rutschbahn, von der kleine Waghälse gerne hinuntersausen, um umgehend wieder auf das Gerüst hinaufzuklettern.

„Warte“, sagt der Papa, klettert nach hinten und springt hinunter. Er sprintet um das Gerüst herum zum unteren Ende der Rutsche. „Jetzt komm!“, ruft er und streckt seiner Kleinen die Arme entgegen. Er hätte gerne, dass das Mädchen sich nun auf die Schräge schiebt, um ihm entgegenzurutschen. Aber sie tut es nicht, sondern ruft nach ihrer Mama. Die jedoch befindet sich am anderen Ende des Spielplatzes und steht nicht zur Verfügung. Was der Papa auch sagt und wie er ihm auch zu verstehen geben will zu rutschen – das kleine Mädchen bleibt oben. Ob es sich nicht traut oder gar nicht weiß, wie es sich in dieser Lage vorwärtsschieben soll, das weiß ich nicht. Aber eines weiß ich gewiss: Kinder, die klettern und rutschen wollen, tun das von sich aus, sobald sie dazu in der Lage sind.

Kinder leben ihren Bewegungsdrang gerne aus, vom Strampeln über das Krabbeln und Laufen bis zum Klettern, Turnen und Springen. Wenn man sie beobachtet, kann man unschwer erkennen, welche Bewegungsangebote ihnen Freude machen. Das Grundprinzip aller Hilfestellungen dabei ist der berühmte Montessorisatz: „Hilf mir, es selbst zu tun." Er gilt für alle Lernprozesse, auch für das Verbessern der Körperbeherrschung. Falls ein Kind wirklich Hilfe braucht, gibt es das zu verstehen. Kinder lernen durch Nachahmen und Ausprobieren. Wenn sie bei frühen Laufversuchen hinplumpsen, rappeln sie sich wieder hoch. Beim Schaukeln finden sie durch ständige Wiederholung heraus, wie sie sich selbst in Schwung bringen.

Selber tun macht sie tüchtig und stolz: „Mama, Papa, guckt mal!" Wer jedoch sein Kind zum Rutschen trägt, macht höchstens sich selbst eine Freude.

An der Porta Nigra

Eine Familie steht vor der Porta Nigra in Trier. Während der Vater das imposante Bauwerk aus allen möglichen Perspektiven mit der Handycam filmt, besorgt die Mutter gemeinsam mit ihrer Tochter Eintrittskarten. Der vielleicht neunjährige Sohn sitzt derweil auf einem Mäuerchen und spielt ein Elektronikspiel.

Der Junge ist immer noch ganz vertieft, als die Familie sich wieder bei ihm trifft. Jetzt in die Porta Nigra gehen? „Och nein, das Spiel ist doch noch nicht zu Ende“, protestiert er. Nach einiger Diskussion darf er weiterspielen, während Eltern und Tochter die Besichtigung antreten. Als sie zurückkommen, schimpft er: „Wo wart ihr denn so lange, mir ist langweilig!“

Langeweile ist einer der schlimmsten Feinde von Kindern. Sie verlangen ständig nach Kurzweil, aber zu viel davon ist dann auch wieder langweilig, wie uns dieser Junge beweist. Für reizoffene Kinder ist immer das Nächstliegende das Reizvollste. Das Spiel in der Hand ist interessanter als die Porta Nigra, die keine Action zeigt, sondern betrachtet und erstiegen werden will. Das bewegte Display des Spiels lockt mehr als 2000 Jahre Geschichte.

Aber warum muss ein Kind solch ein Spiel dabei haben, wenn die Familie auf Besichtigungstour geht? Wie spannend könnte die Porta Nigra für einen Neunjährigen sein, wenn die Familie schon am Vorabend in den Prospekt schaut und über römische Heere oder Belagerungen redet! Auch Fantasiegeschichten sind erlaubt, sofern sie den Kindern Gelegenheit geben, aktiv beteiligt zu sein. Bei der Besichtigung sollte der Papa nicht zuerst filmen, sondern mit den Kindern auf Entdeckungstour gehen: nach Krampen in den Mauern suchen, sich die Bauweise ohne Mörtel erklären, und wo mögen die Wachen gestanden und Ausschau gehalten haben? Natürlich will jetzt auch ein Neunjähriger hinauf! Und Papa kann filmen, wenn der Rest der Familie nach der Besichtigung im Eiscafé sitzt.

Alex wird gemobbt

„Monatelang habe ich nichts mitbekommen", sagt die Mutter eines Viertklässlers in der Diskussion nach meinem Vortrag über Schülermobbing. „Ich habe mich schon gewundert, weil Alex immer stiller wurde, keinen Antrieb mehr hatte und auch in seinen Leistungen abfiel. Aber erst, als er auf keinen Fall die Abschlussfahrt mitmachen wollte, wurde ich wach."

Beginnt Mobbing bereits in der Grundschule? Ja, tatsächlich – dort ist es kaum weniger verbreitet als an weiterführenden Schulen. Die Kinder sind sich nur meist nicht klar darüber, dass ihr Verhalten Mobbing bedeutet.

Mobbing nennen Fachleute es, wenn eine einzelne Person oder auch eine Clique eine andere Person über Monate hinweg und mindestens einmal wöchentlich systematisch mit der Absicht schikaniert, sie zu kränken, zu verletzen oder aus der Gemeinschaft auszugrenzen.

Die Anzeichen, die Alex zeigte, sind typisch für Mobbing-Opfer. Schon nach wenigen Wochen stellen sich solche psychosomatischen Symptome ein. Schlafstörungen und Alpträume, Appetitlosigkeit oder Konzentrationsprobleme können hinzukommen. Mobbing macht krank, über längere Zeit hinweg sogar sehr krank.

Dass Alex' Mutter sich in einem Vortrag informiert hat, ist gut, denn nun hat sie Anhaltspunkte dafür bekommen, was sie tun kann. Erst einmal wird sie Alex deutlich machen, dass sie hinter ihm steht, ihn versteht und keinesfalls für seine Schulleistungen tadelt. Sie wird zudem in der Schule mit der Klassenlehrerin und der Schulleitung sprechen, denn ohne entschlossenes Eingreifen von Erwachsenen lässt sich Mobbing nicht beenden. Selber mit den mobbenden Kindern oder ihren Eltern zu sprechen, ist jedoch in aller Regel nicht hilfreich. Das pädagogische Ziel bei Mobbing ist es stets, die Handlungen konsequent zu unterbinden und die gestörte Kommunikation in der Gemeinschaft dort wieder in Ordnung zu bringen, wo die Störung auftrat.

Nicht mehr erziehbar

„Ich wollte Sie vorhin nicht ansprechen, weil da die Lehrerinnen meines Kindes noch anwesend waren", sagt ein Vater zu mir, der als Letzter nach meinem Vortrag noch im Saal ist. Mein Sohn lässt sich von meiner Frau und mir nicht mehr erziehen. Er lässt sich nichts sagen." – „Wie alt ist er denn?", frage ich nach. – „Neun Jahre."

Der Vater berichtet, dass der Junge macht, was er will. Er lässt sich überhaupt nicht davon beeindrucken, wenn er ihm sagt, dass etwas nicht geht. „Darum habe ich jetzt aufgegeben. Ich lasse ihn sein Ding machen und mache ansonsten meins. Aber vielleicht haben Sie noch eine Buchempfehlung für mich?"

Ein Neunjähriger, der sich von seinen Eltern nichts mehr sagen lässt – da nützt eine Buchempfehlung sicherlich nicht viel. Das familiäre Beziehungs-Gefüge ist aus den Fugen. Die Rollenverteilung entspricht nicht der natürlichen Eltern-Kind-Rollenverteilung. Wenn Eltern ihrem Jungen in diesem Alter nichts mehr sagen können, ist die Kommunikation gestört. Der Vater hat aufgegeben und lässt den Neunjährigen „sein Ding" machen. Aber der hat noch gar keine klare Vorstellung davon, was das ist. Er weiß nur, was er nicht will: was die Eltern sagen.

Um herauszufinden, was er wirklich will, braucht er Eltern mit einem klaren und festen Standpunkt. Ein Standpunkt ist die Position, an der jemand steht. Mit der Position seiner Eltern muss ein Kind sich auseinandersetzen können. Es braucht solche Konflikte, um in der Reibung mit seinen Eltern eigene Standpunkte zu entwickeln und Orientierung in unserer komplexen, unübersichtlichen Welt zu finden.

Offenbar haben dieser Vater und seine Frau Konflikte mit ihrem Kind gescheut. Dabei erzeugt Reibung doch Wärme! Wo Konflikte gescheut und nicht ausgetragen werden, ist das Familienklima kalt. Aber es muss in diesem Fall noch nicht zu spät sein, wenn die Eltern bereit sind, eine Erziehungsberatungsstelle aufzusuchen.

Mit Kindern in der Kirche

Zwei und drei Jahre alt sind die beiden Jungs, die beim Papa in der Kirchenbank sitzen. Alle Männer sitzen auf der rechten Seite, die Frauen und Mädchen links. Gleich soll die Trauung beginnen. Klar, dass die Kleinen das noch nicht begreifen und unruhig sind. Die Situation ist für sie ungewöhnlich genug, zumal sie aus einem fernen Land zu diesem Fest angereist sind.

Eigentlich möchten die Jungs lieber bei der Mama sein. Und warum stehen da vorne Männer in dunklen Anzügen? Und was ist das für einer mit dem weißen Kleid und dem komischen Manschettenkragen?

Der Papa hat auf jedem Oberschenkel ein Kind sitzen und geht mit Engelsgeduld auf die beiden ein. Er lenkt ihre Blicke auf Besonderheiten. Er erzählt ihnen von der Vermählung, die einer der Männer gleich feiern darf, wenn ihm seine Braut zugeführt worden ist. Er zählt mit ihnen die vielen Kerzen im Raum. Und er beruhigt sie immer wieder, wenn sie vor lauter Aufregung zu plärren beginnen. Während der Zeremonie dämpft ihr Vater immer wieder ihre Lautstärke mit sanftem „pssst" und erklärt ihnen flüsternd, was alles vor sich geht.

Kinder sind nun einmal Kinder, auch in der Kirche. Wenn sie klein sind, ist ihnen dieser Ort noch fremd und damit beunruhigend. Sie einfach nur still zu stellen, ist nicht möglich. Also bezieht man sie in das Geschehen mit ein, wie jener Papa es tut. Sich den kirchlichen Ritualen entsprechend zu verhalten, still zu sein, wenn der Pastor spricht, zu beten und zu singen, wenn die Gemeinde das tun soll – das alles lernen Kinder erst nach und nach. Es ist ein Prozess des Hineinwachsens, der von den Eltern wie auch von der Gemeinde Toleranz gegenüber kindlichen Eigenarten fordert. Aber er erfordert auch bestimmtes und konsequentes Anleiten, Lenken der Aufmerksamkeit und Einfordern von Ruhe.

Geduld und liebevolle Zuwendung sind die Vitamine für eine gesunde Entwicklung des Sozialverhaltens von Kindern.

Lars baut einen Flipperautomaten

Lars ist elf Jahre alt. In den Sommerferien war er mit seiner Familie in England und hat dort in einer jener populären Familien-Spielhallen Spaß am Flippern gefunden. Zu Hause studiert er Spielzeug-Kataloge, aber was es da an Flippergeräten fürs Kinderzimmer gibt, gefällt ihm nicht. Da beschließt er, selber eines zu bauen.

Ein Flippergerät selber bauen? Seine Eltern sind zwar skeptisch, als Lars ihnen von seiner Idee erzählt, aber sie versprechen, ihn bei seinem Vorhaben zu unterstützen, wenn er Hilfe benötige.

Lars ist bescheiden. Außer einer passend geschnittenen Holzplatte aus dem Baumarkt braucht er nur kleinere Holzklötze, starke Nägel, Isolierklebeband und jede Menge Einmach-Gummiringe. Fast jeden Tag werkelt er für ein, zwei Stunden in seinem Zimmer vor sich hin. Nach gut drei Wochen kommt der große Moment der Präsentation.

Die Eltern und seine kleine Schwester werden zum Flipperturnier eingeladen.

Und tatsächlich funktioniert sein Gerät, auch ohne Strom. Irgendwoher hat Lars eine Eisenkugel aus einem kaputten Kugellager aufgetrieben, die mit einer Zwillenkonstruktion ins Spiel geschossen wird. Auf der mit leichter Neigung aufgestellten Holzplatte rollt sie auf dem Weg nach unten gegen verschiedene Hindernisse aus Gummiringen. Mit zwei langen Holzfingern kann man die Kugel von unten wieder nach oben schießen. Sieger ist, wer die Kugel am längsten im Spiel halten kann.

Dieses Spiel ist für etwa zwei Wochen DER Hit, auch wenn ab und zu etwas daran repariert werden muss. Doch dann ist das Flipperfieber schon wieder vorbei. Warum? Weil es Lars viel weniger um das Flipperspielen ging als um das Bauen. Er wollte beweisen, dass er seine Idee umsetzen konnte. Er wollte es den Skeptikern zeigen. Er hatte Vergnügen am Austüfteln der verschiedenen Mechanismen. Das wahre Vergnügen liegt im Prozess, nicht im Besitz.

Heimweh im Schullandheim

Für die Lehrerin kommt es völlig überraschend, dass Frau M. am Morgen des dritten Tages im Schullandheim auftaucht. Sie bringt Markus, ihrem Filius aus der 6. Klasse, ein Fresspaket vorbei und bedauert den „Armen“ ein wenig. Mit heftiger Kritik an der „unmöglichen Verpflegung“ und der Grausamkeit der Umstände rauscht sie dann wieder ab.

Was war passiert? Trotz Handyverbotes hatte Markus in der zweiten Nacht seine Mutter angerufen und über Heimweh und das „schlechte Essen“ geklagt. Ohne zu bedenken, dass jedes Jahr tausende Schülerinnen und Schüler genau dieses Heim „überleben“, das am Elternabend ausführlich vorgestellt worden war, versprach die empörte Frau M., ihm zu Hilfe zu eilen.

So schön es ist, dass Frau M. bereit ist, Markus auch aus der Ferne mit Zähnen und Klauen vor allen Gefahren des Lebens zu schützen – damit hat sie ihm einen Bärendienst erwiesen. Ohne die tatsächlichen Umstände zu klären und die Klassenlehrerin anzusprechen, taucht sie vor Ort auf. Damit verwirrt sie alle Kinder, stört das pädagogische Ziel der Entwicklung der Klassengemeinschaft und untergräbt das Ansehen der Begleitpersonen.

Vor allem aber raubt sie Markus eine wichtige Lern- und Entwicklungschance. Mit zwölf Jahren wird es höchste Zeit, dass Kinder sich allmählich vom Elternhaus abnabeln. Schließlich sollen sie selbstbewusste und autarke Persönlichkeiten werden. Heimweh ist für Kinder, die es nicht gewohnt sind, ein paar Tage von zu Hause weg zu sein, völlig normal. Fremdes Essen ist immer gewöhnungsbedürftig, vielleicht gerade dann, wenn es, wie in diesem Haus, frisch und ausgewogen zubereitet wird. Solche Erfahrungen sind für Kinder wichtig. Sie in der Gemeinschaft mit den Kameraden machen zu können, ist eine tolle Gelegenheit für das Wachstum sowohl der einzelnen Persönlichkeiten als auch der Klassengemeinschaft. Aber dazu muss man sein Kind mal für ein paar Tage loslassen können.

So a schöne Brezn

Ich lehne am Stehtisch neben der Bäckertheke in einem Supermarkt in der Oberpfalz. Eine Mutter steuert mit ihren zwei Kindern die Backwaren an. „I will des da!", deutet der höchstens dreijährige Junge auf eine Schokobanane und drückt sich seine Nase an der Vitrinenscheibe platt.

„Na", sagt seine Mama, „jetzt gibt es nichts Süßes mehr, sonst hast nachher koanen Hunger. Vielleicht kauf'n wir euch zwoa schöne Brezn fürs Abendbrot?" Der Kleine lässt aber keinen Zweifel daran, dass er jetzt sofort dieses süße Stück will. Währenddessen sondiert die Mama gelassen und mit geübtem Einkaufsblick die diversen Backwaren in den Körben an der Rückwand.

So übernimmt die vielleicht vierjährige Tochter die Erziehungsrolle: „Schau, da hinten", lenkt sie den Blick ihres Bruders auf den weit entfernten Brezelkorb, „do san so schöne Brezn." Der Kleine schaut seine Schwester an, die ihn mit Kleinmädchen-Charme zu überzeugen versucht. „Na", beharrt er, „I will des da." Kein Zweifel: Wäre da nicht die Scheibe, er würde sofort in die Auslage fassen und sich die Süßigkeit in den Mund stopfen. Doch seine Schwester gibt nicht auf. Ganz freundlich und mit großer Überzeugungskraft sagt sie: „Aba so a schöne Brezn, die gibt's nachher dick mit Butter." Dabei läuft ihr schier das Wasser im Mund zusammen, und nun gibt auch der kleine Bruder nach.

Der amerikanische Psychologieprofessor Walter Mischel hat in seinem berühmten „Marshmallow-Experiment" aus den 60er Jahren des 20. Jahrhunderts nachgewiesen, dass die Fähigkeit von Kindern im Vorschulalter, ein Bedürfnis zurückzustellen oder auf eine Belohnung warten zu können, eine höhere Vorhersagekraft für späteren Erfolg in Schule und Beruf hat als der Intelligenzquotient. Als ich diese beiden Kinder an der Bäckertheke sehe, freue ich mich für den Jungen, dass er eine Schwester hat, die ihm zusätzlich zur Mutter hilft, seine Fähigkeit zum Bedürfnisaufschub zu entwickeln.

Ist Freispiel Zeitvergeudung?

„Ich überlege, ob ich Heiko aus der Offenen Ganztagsschule abmelde", sagt seine Mutter im Beratungsgespräch. „Ich habe mir da viel mehr Förderung und Lernangebote vorgestellt. Aber die machen jeden Tag Freispiel, das ist doch pure Zeitvergeudung."

Heikos Mutter meint es gut. Der Junge, drittes Schuljahr, ist sehr begabt. Sie wünscht sich für ihn eine optimale Förderung sowohl in der Schule als auch in der Freizeit. Seine Talente sollen nicht brachliegen, sondern entwickelt werden. Je mehr Bildungsangebote, desto besser, ist ihre Überzeugung.

Die Offene Ganztagsschule (OGS oder OGaTa) ist ein freiwilliges Zusatzangebot vieler Schulen. In ihr kümmern sich Erzieherinnen in der Regel bis 16 Uhr um die Kinder. Es gibt ein warmes Mittagessen, Hausaufgabenbetreuung und Arbeitsgemeinschaften, meistens sportlicher und musisch-kreativer Art.

Dass in den für die Kinder langen Schultag auch freie Spiel- und Tobephasen integriert werden, ist nur vernünftig. Einerseits brauchen Kinder sehr viele Bewegungsmöglichkeiten, denn gerade die heutige Generation leidet an Bewegungsmangel und seinen Folgen. Andererseits brauchen Kinder auch Phasen, in denen sie eigene Entscheidungen treffen können. Den ganzen Tag über müssen sie fremdbestimmt funktionieren. Wie sollen sie Selbstständigkeit und Initiative entwickeln, wenn sie keine Freiräume mehr haben? Das Freispiel räumt ihnen sowohl Bewegungsmöglichkeiten als auch, im wahrsten Sinne des Wortes, Spielräume ein.

Nicht alle Kinder spielen dann nur Fangen oder Hüpfkästchen. Manche entdecken nebenbei einen Regenwurm oder finden einen hübschen Stein. So etwas weckt Interesse, lässt Fragen aufkommen und regt den Forschergeist an. Auf diese Weise entstehen gelegentlich Projekte, für die die Erzieherinnen Unterstützung bieten können. Und weil die Kinder dann voll bei ihrer Sache sind, lernen sie dabei am meisten.

Das Fernstudium

„Meine Tochter kann sich schlecht konzentrieren", erzählt mir die Anruferin. „Ich übe sehr viel mit ihr, aber es wird nicht so gut, wie es sein sollte. Jetzt denke ich daran, ein Fernstudium zu absolvieren, damit ich ihr besser helfen kann." Meine Nachfrage ergibt, dass das Mädchen vor einem halben Jahr eingeschult wurde.

Allzu leicht könnte man diese Mutter einfach für überspannt halten und lachend zur Tagesordnung übergehen. Aber wir müssen sie ernst nehmen. Können denn Elternsorgen größer sein? Da ist das Kind gerade mal mitten im ersten Schuljahr, und seine Mama denkt über ein Fernstudium nach, um ihm zu besserer Konzentration zu verhelfen. Wie viel Zukunftsangst ist da im Spiel? Welch riesengroße Erwartungen lasten auf dem Mädchen?

Angst ist immer ein schlechter Ratgeber. Angst sorgt ähnlich wie übergroßer Stress dafür, dass man die Welt nur per Tunnelblick wahrnimmt. Man erkennt nicht die vielen alternativen Möglichkeiten, die es bei der Bewältigung von Problemen stets gibt. Oft genug verhindert sie sogar eine sorgfältige Prüfung, ob das Problem denn überhaupt real ist. Möglicherweise ist das Töchterchen völlig in Ordnung und hat objektiv gar kein Problem mit der Konzentration. Ein Gespräch mit der Lehrerin könnte da bereits Aufschluss geben.

Mamas Überzeugung, dass sie ihrer Tochter helfen muss, lässt sie das Kind nicht seinen eigenen Weg und seine Rolle als Schulanfängerin finden. Wie kann es SELBST-ständig werden, wenn es ständig fremdbestimmt wird? Wie soll es Erfolgszuversicht entwickeln, wenn es nie gut genug ist? Wie soll es ein stabiles Selbstwertgefühl aufbauen, wenn dauerndes Üben signalisiert, dass es seiner Mama unendliche Sorgen macht?

Erwartungen, denen die Zuversicht fehlt, entmutigen und bedrücken ein Kind; unrealistisch hohe Erwartungen überfordern es. Darum braucht meine Anruferin Hilfe, um ihre Angst zu verlieren.

Die vergessene Unterschrift

„Stellen Sie sich vor“, sagt Frau S. aufgeregt am Telefon zu mir, „eben ruft mich die Klassenlehrerin von Silvana an. Die Klasse hat heute zwei Stunden früher Schluss, aber das Kind dürfe nicht nach Hause, weil ich die Information gestern nicht unterschrieben hätte. Wenn ich wollte, könnte ich Silvana aber abholen. Ist das nicht eine Unverschämtheit?“

Verständlich, dass Frau S. sich aufregt. Frau S. wusste ja, dass Silvana heute wegen der Krankheit einer Lehrerin verkürzten Unterricht haben würde. Warum darf das Kind dann nicht einfach nach Hause gehen?

Ich versuche, Frau S. die Perspektive der Lehrerin deutlich zu machen. Die Schule hat die Aufsichtspflicht. Wenn eine Grundschulklasse ausnahmsweise einmal früher Unterrichtsschluss hat, kann die Lehrerin die Kinder nur gehen lassen, wenn sie weiß, dass jemand zu Hause ist, der sie in Empfang nimmt. Deswegen hatte sie die Kinder diese Information ins Hausaufgabenheft schreiben lassen und mit ihnen besprochen, warum die Unterschrift von Mutter oder Vater unverzichtbar ist.

Eine Lehrerin darf sich in solch einem Fall nicht auf das Wort von Drittklässlern verlassen, dass ihre Eltern schon Bescheid wüssten. Im Falle eines Unfalls würde sie sonst jede Versicherung in Regress nehmen. Das Unterschreiben einer Information der Schule ans Elternhaus ist verpflichtend, damit die Schule sicher sein kann, dass sie zur Kenntnis genommen wurde. Die Pflicht zur Zusammenarbeit zwischen Schule und Elternhaus besteht beiderseits.

Frau S. wäre sicherlich auch sauer, wenn Silvana von einem Kindergeburtstag zwei Stunden früher als geplant nach Hause geschickt würde und dann nicht in die Wohnung könnte, während sie sich im Vertrauen auf die abgesprochene Zeit außer Haus aufhielte. Deshalb war der Anruf der Lehrerin keine Unverschämtheit, sondern sogar Ausdruck von mehr Fürsorglichkeit, als man eigentlich erwarten kann.

„Die oberste immer zuerst!"

Im Religionsunterricht dürfen die Kinder vor ihrem Meditationsritual die Kerzen an der kleinen Pyramide entzünden. Marvin ist wieder an der Reihe. Vorsichtig reibt er den Kopf des langen Streichholzes an der Reibefläche und wartet, bis die Flamme kräftig ist. Dann sagt er: „Aber die oberste immer zuerst!", und entzündet die Kerzen behutsam von oben nach unten.

Diese Momentaufnahme aus der Schule hat eine Vorgeschichte. Marvin ist extrem lebhaft und locker in der Lage, jede Stunde der dritten Klasse zu schmeißen. Bei allen Aktionen will er dabei sein. Er kann nie warten, bis er an der Reihe ist, drängt sich immer vor, ruft in den Unterricht hinein und stellt allerhand an. Da er etwas tollpatschig ist, passieren ihm auch etliche Missgeschicke.

Frau R. hatte gleich in der ersten Religionsstunde des Schuljahres die Kerzenpyramide mitgebracht. Sie wollte beim Schein der Kerzen und zu den Klängen einer sanften Entspannungsmusik eine biblische Geschichte erzählen.

Welches Kind war wohl das erste beim Anstecken der Kerzen? Natürlich musste es Marvin sein. Hastig riss er das Zündholz an, so dass beim ersten Versuch der Kopf abbrach. Als das zweite Streichholz brannte, steckte er zuerst die nächstgelegene Kerze auf der untersten Stufe an. Mit jeder Etage stehen die Kerzen jedoch näher beieinander, so dass er sich schließlich leicht verbrannte und die oberste Kerze nicht mehr entzünden konnte. Wegen dieser schmerzhaften Erfahrung drängte er sich in den nächsten Religionsstunden nicht mehr vor.

Aber schließlich fragte Frau R. ihn, ob er nicht wieder der Anzünder sein wollte. „Wenn du die oberste Kerze zuerst ansteckst, kann nichts passieren", ermunterte sie ihn. Er war stolz und glücklich, als er die Kerzen unfallfrei zum Brennen gebracht hatte. Seither sagt er dabei jedes Mal: „Aber die oberste immer zuerst!", und steckt würdevoll und behutsam alle Kerzen von oben nach unten an.

„Kommst du mich besuchen?"

Im Vorweihnachtsrummel einer großen Einkaufsstraße trifft eine Mutter mit kleinem Jungen auf ihre schon ältere Tante. „Na, kommst du mich denn an Weihnachten besuchen?", fragt diese ihren Großneffen. „Weiß nicht – nee" druckst der Kleine herum. „Du bekommst auch ein Geschenk", lockt die Frau. „Au ja, dann komme ich!", ruft der Junge fröhlich.

Wir wissen nicht, welche Erfahrungen dieser vielleicht Fünfjährige mit seiner Großtante gemacht hat. Jedenfalls hat er offensichtlich keine Lust auf einen Besuch bei ihr. Aber natürlich hat er Lust auf ein Geschenk und sagt deshalb zu.

Ob seine Großtante darüber wirklich erfreut sein kann? Er will schließlich nicht wirklich zu ihr kommen, aber er will ihr Geschenk. Welchen Wert hat sie für ihn? Offenbar nur den Wert ihres Geschenks.

Wir klagen heutzutage oft über den Werteverlust in unserer Gesellschaft. Diese Großtante und die Mutter des Jungen fördern, unbeabsichtigt und ohne es zu wissen, genau das. Erstens verhalten sie sich unehrlich – und Kinder hassen Unehrlichkeit. Der Besuch ist doch längst ausgemachte Sache. Sie bringen sich unnötig in eine Zwickmühle, wenn sie den Kleinen formal vor eine Wahl stellen, die tatsächlich nicht vorhanden ist.

Und zweitens besticht die Großtante den Jungen mit dem Versprechen eines Geschenks und entwertet damit selbst die Beziehung zu ihrem Großneffen. „Ich freue mich schon auf deinen Besuch", hätte sie einfach zu ihm sagen können. Der Besuch als Ausdruck der verwandtschaftlichen Beziehung ist doch das Wesentliche, das Geschenk nur Nebensache. Die Freude des Zusammenseins, vielleicht bei Kakao und Plätzchen, die Wärme und Nähe, das Erzählen und Miteinander-Spielen – das alles hat einen hohen, unbezahlbaren Wert. Das brauchen wir nur zu leben, dann besuchen (nicht nur) kleine Jungen ihre Verwandtschaft gern.

Winterfreuden

Beim Spaziergang über die verschneiten Feldwege höre ich das Treckerknattern und Kinderjohlen schon von Weitem. Schließlich hat mich die lustige Polonaise eingeholt. Am Steuer der Zugmaschine sitzt ein fröhlich grüßender Mann. Etwa zehn Schlitten und Woks hängen in einer Zweierreihe hinten dran.

Nicht nur Kinder, sondern auch ein paar Papas sitzen auf den schlingernden Gefährten. Die Kinder necken und schubsen sich gegenseitig. Ab und zu kippt mal ein Schlitten um oder rutscht über den Wegrand ins Feld. Dann hält der Trecker kurz an, bis die Rasselbande wieder „Los!“ brüllt. Offensichtlich haben alle einen Heidenspaß, wenn der Schlittenzug mit gelegentlich flottem Tempo über die Piste heizt.

Ein gutes Stück weiter nutzen ganze Heerscharen von Familien geeignete Stellen des Rheinufer-Deichs zum konventionellen Schlittenfahren. Auch hier sind Papas aktiv mit dabei, halten ihr Kleinkind vor sich fest oder rutschen mit den Kindern um die Wette. Ein kleiner Junge im daunengefütterten Overall lässt sich den Hang hinunterrollen und springt gleich wieder lachend und vor Vergnügen quietschend nach oben. Selbst die zahlreichen Hunde haben ihren Spaß und tollen mit durch den Schnee.

Wo Kinder und Eltern miteinander toben und lachen können, wird das Zusammengehörigkeitsgefühl gestärkt. Nichts verbindet mehr, als bei guter Laune miteinander in Aktion zu sein. Gleichzeitig ist das ein sehr gesundes Vergnügen mit Bewegung an der frischen Luft. Sich dem Kältereiz auszusetzen stärkt die Immunabwehr. Kleine Kunststücke auf dem Schlitten und riskante Manöver lassen das Selbstwertgefühl der Kleinen wachsen. Vor allem aber erfahren die Kinder, dass es doch noch Alternativen zum stundenlangen Sitzen oder Liegen vor einem Bildschirm gibt. Und ist das Toben draußen mit anderen nicht allemal attraktiver als das Fernsehprogramm?

Liebhaber

Die vierjährige Jenny fragt: „Mama, was issen ein Liebhaber?" Ihre Mama erschrickt ein wenig. Beim Wort „Liebhaber" denkt sie – wie wir normalerweise auch – zuerst an einen Sexpartner und seine Qualitäten im Bett. Und gar nicht selten gibt es Liebhaber, ohne dass Liebe im Spiel wäre. Soll sie das erklären?

Jenny klettert auf Mamas Knie, schlingt die dünnen Ärmchen um ihren Hals und drückt sie ganz fest. „Ich hab' dich soooo lieb", sagt sie und zieht dabei das „so" mindestens drei Meter lang.

Jenny und all unsere Kinder – sie sind die wirklichen Lieb-Haber auf dieser Welt, denn sie haben uns bedingungslos lieb. Sie können gar nicht anders – wir sind ihre einzige Mama, ihr einziger Papa. Das bedeutet eine riesige Verantwortung. Aber Angst davor müssen wir nicht haben, denn Jenny und die anderen haben ein großes Herz und können viel verzeihen.

Wenn sie in den Kindergarten und später in die Schule gehen, bekommen wir Konkurrenz. Was Erzieherin Bärbel oder Lehrerin Frau Schulze sagen, hat oft mehr Gewicht als unser Wort. Aber aus unserer Mama- oder Papa-Rolle können die uns nicht verdrängen – nie. Selbst wenn die Kinder uns in der Pubertät ihren Hass wegen irgendeines Verbotes ins Gesicht schreien und die Tür knallen, haben sie uns lieb. Sie wissen nämlich ganz genau, dass wir ihre einzige Mama, ihr einziger Papa sind, die bedingungslos zu ihnen stehen. Aber Kinder brauchen im Schul- und Jugendalter weitere erwachsene Bezugspersonen, um ihre Identität und Persönlichkeit zu entwickeln. Sie sind wichtig für sie, weil sie ihnen über das Elternhaus hinaus Werte und Haltungen vermitteln sowie Interessen und Motivationen fördern können.

Jetzt aber sitzt Jenny auf Mamas Schoß, und die drückt sie gleichfalls ganz fest und sagt: „Du bist ein Lieb-Haber, weil du mich so lieb hast!"

Der Autor

Detlef Träbert studierte in Ludwigsburg für das Lehramt an Grund- und Hauptschulen. Über die berufsbegleitende Zusatzausbildung zum Beratungslehrer hinaus absolvierte er das Diplomstudium in Erziehungswissenschaft mit dem Schwerpunkt Bildungsberatung.

Nach 18 Jahren im Schuldienst verließ er das Beamtenverhältnis und machte sich in Stuttgart mit dem Schulberatungsservice *Schubs* selbstständig.

Aus der lerntherapeutischen und beratenden Arbeit mit Kindern und Eltern sowie der Vortrags- und Fortbildungstätigkeit heraus kam er zum Schreiben.

Ende der 80er Jahre begann er, sich in der *Aktion Humane Schule* zu engagieren. Seit dem Jahr 2000 ist er ihr Bundesvorsitzender und Herausgeber der Verbandszeitschrift *Humane Schule.*

Detlef Träbert lebt heute mit seiner Frau in Niederkassel bei Köln.